AF346847

CHANSONS

ET

POÉSIES DIVERSES

CHANSONS

ET

POÉSIES DIVERSES

DE

M. A. DÉSAUGIERS,

CONVIVE DU CAVEAU MODERNE,

TOME PREMIER.

CINQUIÈME ÉDITION.

Sans chanter peut-on vivre un jour?
(MÉLOMANIE.

PARIS,

A LA LIBRAIRIE NATIONALE ET ÉTRANGÈRE,

QUAI DES AUGUSTINS, N° 17.

1824.

ÉPITRE DÉDICATOIRE

A M. LAUJON,

Membre de l'Académie française, et président
du Caveau Moderne.

Favori de Momus, doyen des Troubadours,
Toi qui chantas si bien le vin et les amours,
Poète aimé des Dieux, peitre de la nature,
Vois d'un œil indulgent ces vers nés sans culture,
Et prête à leur faiblesse un généreux secours.
Qu'un autre, dans l'espoir d'un glorieux salaire
Jusques au pied du trône apporte ses essais :
J'abandonne au génie un si brillant succès ;
Mais la chanson ne veut pour appui que son père
Laujon, comble l'espoir qui flatte mon orgueil ;
Daigne accueillir ces fruits d'une timide veine.
Eh! comment, appuyés d'un semblable Mécène,
Mes vers n'auraient-ils pas un favorable accueil?

Interprète galant des Muses et des Graces.
Tu parus ; la chanson prit un nouvel essor ;
Tu célébras l'Amour, il vola sur tes traces ;
Tu chantas le Plaisir, il te couronne encor.
Digne héritier du luth de l'amoureux Tibulle,
Tu marches son égal sur le sacré vallon ;
Et du joyeux Panard inimitable émule,
Lorsque le Temps hâtait sa dernière saison,
Pour le rendre à nos vœux, un ordre d'Apollon
Maria ton aurore avec son crépuscule.

PRÉFACE.

—Lᴀ Plaisante chose qu'une préface à la tête d'un Recueil de Chansons! Que ferait-on de plus pour fixer l'attention publique sur un ouvrage consacré à polir l'esprit, former le cœur ou agrandir l'ame? Il me semble traverser un immense péristyle pour arriver à la chétive cabane d'un berger. Ne vaudrait-il pas cent fois mieux promettre peu et tenir beaucoup? — D'accord, messieurs de la critique; mais si je veux plus promettre que tenir!... Que diable! chacun a sa manière d'attraper son monde: j'ai remarqué que la modestie est un mauvais moyen de réussir; dites que vous ne valez rien, le public va vous prendre au mot; et désirant que mes chansons se répandissent, j'ai eu la faiblesse de croire que j'amorcerais plus facilement les amateurs en leur donnant une bonne idée de mon recueil, qu'en les prévenant sur ses défauts.—Mais comment osez-vous vous hasarder encore dans un champ où les Panard, les Collé, les Piron et tant d'autres ont moissonné avant vous?— Eh! messieurs, comment a-t-on osé prendre la plume après Racine et Molière, le pinceau après Raphaël et Michel Ange, le ciseau après Phidias et Praxitèle, etc., etc., etc.? D'ailleurs, quel est mon but en publiant ces bagatelles? de distraire un moment, par quelques images riantes, l'esprit toujours préoccupé de l'homme en place, de

réveiller par de piquans souvenirs l'i-
magination appesantie du vieillard, et
d'exciter enfin, par la gaîté de mes ta-
bleaux, le cœur d'un sexe charmant à
cet abandon délicieux qui embellit la
laideur même et divinise la beauté.
Accourez donc, ô mes vers, enfans
vagabonds d'une muse badine; réunis-
sez-vous tous à la voix d'un père qui
vous chérit, et qui veut aujourd'hui
d'un seul coup d'œil embrasser toute
sa famille. Par une bizarrerie assez
commune en poésie, les aînés de mes
fils sont les plus faibles; hé bien! que
les derniers venus leur prêtent un appui fraternel, et, soutenus ainsi l'un
par l'autre, lancez-vous joyeusement
dans le monde. Et toi, ô Gaîté, toi
qui nous offres un port assuré contre
tous les orages de la vie, ne refuse
pas aux enfans le   u rs protecteur

que tu daignas accorder au père dans des circonstances dont le souvenir, quoique pénible, a des charmes pour moi, par le tribut de reconnaissance qu'il m'impose! — Peste! voilà une apostrophe bien sentimentale, et que nous n'attendions guère à la tête d'un pareil ouvrage.—Soit, messieurs; mais permettez-moi de payer à la Gaîté, ma généreuse libératrice, un hommage que l'ingratitude la plus noire pourrait seule lui refuser; daignez m'entendre, et vous allez juger. C'est elle qui, me tendant une main secourable sous un autre hémisphère, adoucit pour moi les périls et les horreurs d'une guerre dont l'histoire n'offrira jamais d'exemple(1) c'est elle qui me

(1) L'auteur a été témoin de l'insurrection générale des nègres à Saint-Domingue, et victime, à l'existence près, de tous les désastres qui en ont été la suite.

consola dans les fers où me retenait la férocité d'une caste sauvage; c'est elle enfin qui, m'environnant de tous les prestiges de l'illusion, me fit envisager d'un œil calme le moment où, pris les armes à la main par ces cannibales , condamné par un conseil de guerre , agenouillé devant mes juges, les yeux couverts d'un bandeau qui semblait me présager la nuit où j'allais descendre , j'attendais le coup fatal.... auquel j'échappai par miracle, ou plutôt par la protection d'un Dieu qui n'a cessé de veiller sur moi pendant le cours de cette horrible guerre. Une maladie cruelle fit bientôt renaître pour moi de nouveaux dangers: ce n'était pas assez d'avoir été condamné par mes juges, je le fus par les médecins. J'allais périr..... quand la Gaîté, mon inséparable compagne,

soulevant d'une main le voile de l'a-
venir, me montra de l'autre le beau
ciel de ma patrie, où le bonheur
semblait m'appeler : Momus me sou-
riait au bruit des grelots ; Bacchus
agitait à mes yeux le myrte et le pam-
pre ; un jeune enfant semblait m'in-
viter à me joindre à lui par son regard
malin et les pas légers qu'il formait
au son d'une flûte et d'un tambou-
rin ; Thalie elle-même me présentait
son masque riant... Je n'y résistai pas ;
plus enivré du bien à venir qu'affecté
du mal présent, j'opposai l'arme de
l'espérance aux traits aigus de la douleur, les transports d'une joie antici-
pée au délire d'une fièvre brûlante ,
et, confiant mes destinées à Nep-
tune, je voguai vers la France , que
commençait à éclairer un plus bel
horizon ; et la Gaîté , devançant

notre vol rapide, me conduisit enfin à ce port tant désiré, où une nouvelle existence me fit bientôt oublier cinq ans de périls et de malheurs.

Voilà, messieurs, voilà les titres de cet ange tutélaire à ma reconnaissance ; et dites s'il peut jamais avoir un ami plus constant, un apôtre plus dévoué que l'homme qui lui doit le bonheur et la vie ! Mais c'était peu d'avoir oublié mes anciens revers ; inspiré par ma fidèle consolatrice, je voulus chanter mes nouveaux plaisirs ; la Chanson, séduisante fille de la Gaîté, vint conduire ma plume ; mille sujets sourirent à mon imagination ; les rimes s'arrangèrent bien ou mal sous mes doigts ; elles finirent par former ce volume, aussi léger par la forme que par le fond :

l'offrir au public, c'est m'exposer,
sans doute, mais.....

Si j'eus la double maladresse
D'écrire ce Recueil et de le publier,
   Un mot va me justifier :
« Quel homme est sans défaut, quel auteur
    sans faiblesse? »
L'arrêt qu'on va lancer ne me fait point frémir;
  Et quand déjà la critique s'éveille
    Ma vanité, loin d'en gémir,
    Vient tout bas me dire à l'oreille :
Il vaut mieux l'éveiller encor que l'endormir.

CHANSONS

ET

POÉSIES DIVERSES.

TABLEAU DU JOUR DE L'AN.

AIR : V'là c' que c'est qu' d'aller au bois.

Depuis que pour nous le jour luit,
Un an succède à l'an qui fuit ;
Traçons d'une époque aussi belle,
  Aussi solennelle,
  L'image fidèle,
Et qu'on s'écrie en la voyant :
  V'là c'que c'est que l'jour de l'An.

Le soleil à peine a brillé,
Que tout Paris est réveillé :
A chaque étage on carillonne,
  On reçoit, on donne,
  On sort, on resonne ;
Chacun va, vient, monte et descend....
  V'là c'que c'est que l'jour de l'An.

Au lever de ce jour chéri ,
Lolotte qui n'a pas dormi ,
Accourt recevoir la première,
  Six francs de son père ,
  Un dé de sa mère,
Un psautier de sa grand'maman....
  V'là c'que c'est que l'jour de l'An.

A sa Chloris, de grand matin ,
Le banquier apporte un écrin :
Moins riche , mais aussi fidèle,
  Pour faire à sa belle
  Un don digne d'elle ,
L'employé met sa montre en plan....
  V'là c'que c'est que l'jour de l'An.

Nous allons voir certains amis
Quand nous savons qu'ils sont sortis ;
Chez le concierge on se présente.
  — Madame est absente. —
  Nouvelle accablante !
On s'inscrit, on s'en va content....
  V'là c'que c'est que l'jour de l'An.

Parens brouillés , gens refroidis
Semblent redevenir amis :

Pour quelques livres mesurées
   D'amandes sucrées,
   Quelquefois plâtrées,
On plâtre un raccommodement....
   V'là c'que c'est que l'jour de l'An.

Voyez-vous cet homme de bien,
Marchandant tout, n'achetant rien !
Il tourne, il retourne, il approche,
   Flaire chaque poche,
   Accroche ou décroche,
Puis va plus loin en faire autant....
   V'là c'que c'est que l'jour de l'An.

Chaque neveu vient visiter
L'oncle dont il doit hériter ;
Tous voudraient qu'il vécût sans cesse,
   Mais, sur sa richesse
   Réglant leur tendresse,
Ils l'étouffent en l'embrassant....
   V'là c'que c'est que l'jour de l'An.

Le tendre amant, fort peu jaloux
De se ruiner en bijoux,
Dès Noël néglige sa belle,
   Lui cherche querelle

Pour s'éloigner d'elle ;
En février il la reprend....
  V'là c'que c'est que l'jour de l'An.

Bref, après force complimens,
Force souhaits, force présens,
Chacun regagne sa demeure,
  Puis au bout d'une heure
  Fort souvent on pleure
Ses vœux, ses pas et son argent....
  V'là c'que c'est que l'jour de l'An.

CHANSON A MANGER.

AIR : Aussitôt que la lumière.

Aussitôt que la lumière
Vient éclairer mon chevet,
Je commence ma carrière
Par visiter mon buffet;
A chaque mets que je touche
Je me crois l'égal des dieux,
Et ceux qu'épargne ma bouche
Sont dévorés par mes yeux.

Boire est un plaisir trop fade
Pour l'ami de la gaîté;
On boit lorsqu'on est malade,
On mange en bonne santé.
Quand mon délire m'entraîne,
Je me peins la Volupté
Assise, la bouche pleine,
Sur les débris d'un pâté.

A quatre heures, lorsque j'entre
Chez le traiteur du quartier,
Je veux toujours que mon ventre
Se présente le premier.
Un jour les mets qu'on m'apporte
Sauront si bien l'arrondir,
Qu'à moins d'élargir la porte,
Je ne pourrai plus sortir.

Un cuisinier, quand je dîne,
Me semble un être divin,
Qui, du fond de sa cuisine,
Gouverne le genre humain :
Qu'ici-bas on le contemple
Comme un ministre du ciel,
Car sa cuisine est un temple
Dont les fourneaux sont l'autel !

Mais sans plus de commentaires,
Amis, ne savons-nous pas
Que les noces de nos pères
Finirent par un repas ?
Qu'on vit une nuit profonde
Bientôt les envelopper,
Et que nous vînmes au monde
A la suite du souper ?

Je veux que la mort me frappe
Au milieu d'un grand repas,
Qu'on m'enterre sous la nappè,
Entre quatre large plats....
Et que sur ma tombe on mette
Cette courte inscription :
CI-GÎT LE PREMIER POÈTE
MORT D'UNE INDIGESTION.

LA NEIGE.

AIR : Dans la paix et l'innocence,

Vous dont la muse hardie
Me bat tous les vingt du mois (1),
Aujourd'hui je vous défie
Tremblez enfin à ma voix !
Mais que vois-je ! au mot de *neige*
Déjà vous frissonnez tous...
Ventrebleu ! levez le siége,
Ou je vais fondre sur vous.

Ma neige en bloc arrondie
Sur vous tous pleuvra si bien,
Que votre main engourdie
De six mois n'écrira rien.
Ce combat à coups de neige
Peut m'être encor familier,
Puisqu'ici, comme au collége,
Je ne suis qu'un écolier.

(1) Jours fixés pour les diners du Caveau Moderne.

La neige à certain théâtre
Joue un rôle intéressant :
Arbres, toits, tout est d'albâtre...
Quel coup d'œil éblouissant !
On y transit, on y gêle ;
Et, pour comble de succès,
Tout finit par une grêle...
Une grêle de sifflets.

Mais vive cette fillette
Qui, fuyant fort à propos,
Dans une neige indiscrète
Perdit un de ses sabots ! (1)
A son amoureux manége
Le public sourit long-tems,
Et tant que tomba la neige,
On vit le ciel au beau tems.

Du sol brûlant d'Italie,
Des flots bouillonnans du Nil
Les Français pour leur patrie
Ont affronté le péril.
Aux confins de la Norwège
Suivez ces mêmes guerriers ;
Sous leurs pas un champ de neige
Devient un champ de lauriers.

(1) *La Soirée et la Veillée villageoise*, pièce de MM. Piis et Barré.

O toi, par qui la peinture
Voit son domaine agrandi,
Toi, Vanloo, de la Nature
Et rival et favori,
Par ton heureux privilége
Nous voyons, peintre brillant,
Sous les glaces de ta neige
Briller le feu du talent.

Hélas! mes amis, que n'ai-je
Des pinceaux plus éloquens
Pour vous peindre une autre neige
Qui ne brille qu'au printems!
Au corset de ma maîtresse
Soir et matin je la vois,
Et jamais, quand je la presse,
Elle ne fond sous mes doigts.

Quoi! devant une bouteille
Sur la neige huit couplets!
Pardonne, ô dieu de la treille,
A l'affront que je te fais.
J'expîrai ce sacrilège
En sablant un verre plein.
Fuyez, vils flocons de neige,
Devant ce flacon de vin!

LA CHEMINÉE.

Air du Verre.

Je voulais peindre la saison
Dont les frileux déjà frémissent,
Et, prêt à tracer ma chanson,
Voilà mes doigts qui s'engourdissent;
Mais puisqu'en vertu de nos lois
Elle ne peut être ajournée,
Pour faire mes couplets moins froids,
Faisons-les sur la cheminée.

La cheminée offre aux gourmands
Les trésors futurs de leur table,
Aux vieillards un doux passe-tems,
Aux Grâces un miroir aimable;
L'Amant y voit du rendez-vous
Approcher l'heure fortunée ;
Près de leur belles, que d'époux
Gèleraient sans leur cheminée !

Si contre l'horreur des glaçons
Elle soutient notre faiblesse,
Dans la plus belle des saisons
Elle sert aussi la tendresse :
Sur le point d'être rencontrés
Par l'époux de leur dulcinée,
Que d'amans par la porte entrés,
Sont sortis par la cheminée !

Où met-on un billet d'ami ?
Au miroir de la cheminée.
Où se place un portrait chéri ?
A côté de la cheminée.
Où pleure-t-on un tendre époux ?
C'est au coin de la cheminée.
Où s'en console-t-on chez nous ?
Quelquefois sous la cheminée.

Rien n'est plus beau que le soleil ;
C'est lui qui féconde la terre ;
De ses feux l'éclat sans pareil
Embellit la nature entière ;
Il dore depuis nos coteaux
Jusqu'aux sommet des Pyrénées ;
Mais pour dorer nos aloyaux,
Il ne vaut pas nos cheminées.

Hortense avait depuis long-temps
Une cheminée assez noire ;
Un beau jour, de peur d'accidens,
On mandale jeune Grégoire ;
Je ne sais comme il s'en tira ;
Mais, quoiqu'il l'eût bien ramonée,
Tous les soirs, depuis ce jour-là,
Le feu prend à la cheminée.

Sur ce mot enfin j'ai conçu
Sept couplets, fort mauvais peut-être ;
Libre à vous, s'ils vous ont déplu,
De les jeter par la fenêtre ;
Mais n'allez pas brûler ce soir
Ma chanson à peine entonnée,
Car un gourmand n'aime pas voir
Le feu prendre à sa cheminée.

MA PETITE REVUE.

AIR : Ah ! voilà la vie.

De dame Nature
Amant assidu,
J'ose en miniature,
Pour payer mon dû, (1)
Vous tracer la vie,
     La vie
     Suivie,
  Vous tracer la vie
De chaque individu.

Dans un mélodrame,
Tuer sans fureur,

(1) La chanson que chaque convive apporte tous les
mois au diner du Caveau.

Larmoyer sans âme,
Brûler sans chaleur :
Voilà la manière
    De plaire, (*bis*)
Dont pour l'ordinaire
Use plus d'un auteur.

Changer à son aise
Dièse en bémol,
Bécarre en dièse,
Fa-dièse en sol :
Voilà comme chante,
    Enchante (*bis*)
Maint fat dont on vante
La voix de rossignol.

Parler par saccade,
Faire avec vigueur
Ronfler la tirade
Et le spectateur ;
C'est l'art que professe
    Sans cesse, (*bis*)
Dans plus d'une pièce,
Plus d'un célèbre acteur.

Enterrer son homme,
Toucher son argent,
Le soir, rire comme
S'il était vivant ;
Voilà la méthode
    Commode, (*bis*)
Qu'a mise à la mode
Maint docteur fort savant.

En mauvaise prose
Défendre un méchant,
Et gagner sa cause...
On sait bien comment :
Voilà le commerce
    Qu'exerce (*bis*)
Dans la controverse
Plus d'un expert normand.

Sur sa joue empreinte
Garder deux soufflets.
Et porter sa plainte
Au juge de paix :
Voilà le courage
    Fort sage (*bis*)
De maint personnage
Prôné pour ses hauts faits.

Le jour, inhumaine,
Jeter les hauts cris :
La nuit, tendre Hélène,
Céder à Pâris :
Voilà comme fille
  Gentille (*bis*)
De fil en aiguille
Se conduit à Paris.

Se dire novice,
Serrer son corset,
Flatter la nourrice
Qui tient le secret...
De fillette instruite
  Trop vite (*bis*)
Voilà la conduite
Pour trouver un benêt.

Vivre d'espérance,
Tromper le chagrin ,
Rêver l'opulence
Et mourir de faim :
Joueurs, que la veine
  Entraîne, (*bis*)
Voilà votre peine
Et votre juste fin.

Si cet opuscule
Sent un peu l'aigreur,
Lève ta férule
Et frappe, censeur ;
Puisque c'est l'usage,
Courage! (*bis*)
Déchire l'ouvrage,
Mais épargne l'auteur.

LE NOUVEAU MONDE.

AIR: J'ai vu partout dans mes voyages.

En vice notre globe abonde :
Moi, pour en terminer le cours,
Je viens de faire un nouveau monde
Qui ne m'a coûté que dix jours.
Je sais que par fanfaronnade,
En sept jours le nôtre fut fait :
Que n'y mettait-on la décade,
Il eût été meilleur qu'il n'est.

J'aime beauconp les formes rondes ;
Elles nous offrent tant d'appas !
Mais je pense qu'en fait de monde,
Cette rondeur ne convient pas :
Ne nous étonnons pas des chutes
Qu'ici-bas on voit tous les jours ;
Il faut bien s'attendre aux culbutes
Dans un lieu qui tourne toujours.

Je veux que le soleil n'éclaire
Que les talens et les vertus ;
Je ne fais gronder le tonnerre
Que sur les hommes corrompus ;
Et si dans la fange du crime
Le malheureux veut se plonger,
Un éclair au bord de l'abîme
Viendra l'avertir du danger.

De tout animal nécessaire
Je veux que l'homme prenne soin,
Et je débarrasse la terre
De ceux dont il n'a pas besoin ;
Les insectes ne font que nuire ;
Mais j'aurais trop à m'occuper
Si j'entreprenais de détruire
Tous les êtres qu'on voit ramper.

Je donne à l'usurier plus d'âme,
Et plus de tête à l'étourdi ;
Un peu moins de langue à la femme,
Un peu plus de nez au mari ;
Moins de front à nos empiriques,
Moins d'oreilles aux curieux ,
Moins de fiel aux gens satiriques ,
Et moins de dents aux envieux.

Pour faire un léger badinage
Si j'ai remué terre et ciel,
J'ai du moins le rare avantage
De m'être fait père éternel ;
Je ne crains pas que l'on me fronde ;
Et voulez-vous savoir pourquoi ?
C'est qu'étant le père du monde,
J'aurai tout le monde pour moi.

CHANSON BACHIQUE.

AIR: Ainsi jadis un grand prophète.

Puisque sans boire on ne peut vivre,
Célébrons ce nectar parfait !
Mais permettez que je m'enivre
Pour me remplir de mon sujet :
Étourdi du jus de la tonne,
Je puis ne dire rien de bon ;
Mais du moins si je déraisonne,
Ce ne sera pas sans raison.

D'Anacréon et d'Epicure
Suivons le précepte charmant :
Amis, tout boit dans la nature ;
Les enfans boivent en naissant ;
L'homme boit dans la maladie,
Il boit quand il est bien portant ;
De boire enfin telle est l'envie,
Que l'on boit même en se noyant.

On dit qu'on chancelle à trop boire ;
Que la chute suit le faux pas :
Mais on voit, vous pouvez m'en croire,
Tout le contraire en certains cas ;
Car, lorsque le public écoute
Les pièces dont nous l'assommons,
Lui seul est bientôt soûl sans doute,
Et c'est pourtant nous qui tombons.

Juliet (1), que n'ai-je ton adresse
Pour représenter les buveurs !
A nos yeux quand tu peins l'ivresse,
Tu la fais passer dans nos cœurs ;
Dans ton délire, combien j'aime
Les heureux faux-pas que tu fais !
Ah ! chancelle toujours de même,
Et tu ne tomberas jamais.

(1) Acteur de l'Opéra-Comique. C'est lui qui jouait d'une manière si vraie et si enivrante le rôle de Gré goire dans *les Visitandines.*

LA PLUME.

AIR : Restez, restez, troupe jolie.

Quand la plume avec élégance
Ombrage le front de Mirthé,
Sa blancheur nous peint l'innocence,
Sa mollesse, la volupté.
Chaque jour la beauté pour plaire
Emprunte son pouvoir vainqueur ;
Mais souvent, hélas ! trop légère,
La plume est l'emblême du cœur.

Brûlant du feu qui me consume,
Belle Chloé, plus d'une fois
Tu m'as su prouver que la plume
Se prête à de plus doux emplois.
Le soir où ta bouche muette
Laissa pour moi parler ton cœur,
Cette plume, souple et discrète,
Fut le trône de mon bonheur.

A la plume de Philomèle
Delille a dû tout son éclat;
L'Amour détacha de son aile
Celle qui fait aimer Dorat,
C'est l'aigle qui prêta la plume
Qui nous a tracé Mahomet,
Et l'auteur de plus d'un volume
A pris sa plume au perroquet.

Virgile d'un nouveau costume
Par ta plume fut revêtu;
Mais, Scarron, pourquoi sous la plume
Toi-même te déguisas-tu?
Ta plume qui nous fit tant rire,
Ton nom nous dit de la chérir,
Et ton nom nous dit de maudire
Celle qui te fit tant souffrir (1).

Tel jadis dormait sur l'enclume,
Mourant de froid, mourant de faim,
Qui dort aujourd'hui sur la plume,
Ivre d'orgueil, ivre de vin.

(1) On sait que le feu ayant pris, dans le carnaval
à un costume en plumes sous lequel Scarron s'était dé-
guisé, il fut estropié et souffrant le reste de ses jours.

D'où viennent ces chances nouvelles ?
C'est que des voleurs.... renommés
Joignent aux plumes de leurs ailes
Celles des gens qu'ils ont plumés.

Sexe charmant, à qui la plume
Doit et sa grâce et son éclat,
Daigne recevoir de ma plume
L'hommage pur et délicat.
Si mes sept couplets sur la plume
Ont pu te prévenir pour moi,
Ah ! puissé-je un jour sur la plume
Faire davantage pour toi !

MORALITÉ.

Air du Bouffe et du Tailleur.

Enfans de la folie,
    Chantons ;
Sur les maux de la vie
    Glissons ;
Plaisir jamais ne coûte
    De pleurs ;
Il sème notre route
    De fleurs.

Oui, portons son délire
    Partout...
Le bonheur est de rire
    De tout ;
Pour être aimé des belles,
    Aimons ;
Un beau jour changent-elles ?
    Changeons.

Déjà l'hiver de l'âge
Accourt;
Profitons d'un passage
Si court;
L'avenir peut-il être
Certain?
Nous finirons peut-être
Demain.

HYMNE A LA GAITÉ.

AIR : Fuyant et la ville et la cour (de *M. Guillaume*).

QUAND des amours et des plaisirs
L'essaim brillant nous environne,
A la Gaîté, dans nos loisirs,
Amis, tressons une couronne.
Ce devoir si cher à nos cœurs
Nous ne pouvons le méconnaître ;
Comment lui refuser des fleurs,
Quand sous nos pas elle en fait naître ? } *B.*

De l'amour avec nos beaux ans
L'illusion nous est ravie,
Mais la Gaîté change en printems
L'hiver même de notre vie ;
Elle adoucit tous nos regrets
Par les plus riantes images ;
Elle est enfin, par ses bienfaits,
La volupté de tous les âges.

L'homme que soutient la Gaîté
Se rit du coup qui le menace ;
C'est d'elle aussi que la beauté
Tient son coloris et sa grâce.
De la Gaîté le doux attrait
Embellit jusqu'à la sagesse ;
De l'enfance elle est le hochet,
Et le bâton de la vieillesse.

Il n'est donné qu'à la vertu
D'éprouver son heureux délire ;
Lorsque le cœur est corrompu ,
La bouche peut-elle sourire ?
Cette aimable sérénité
De l'innocence est la parure ;
Une belle âme sans gaîté
Serait un printems sans verdure.

O Gaîté, doux charmes des cœurs,
A mon bonheur toi qui présides,
Puisse un jour ta main sous les fleurs
De mont front me cacher les rides !
Brillante des mêmes appas
Qui me charmaient à mon aurore,
Laisse-moi mourir dans tes bras,
Et je me croirai jeune encore.

45

LA HALLE.

Air du vaudeville de Jean Monnet, *ou* : Frère Jean, à
la cuisine.

Je sais qu'au seul mot de halle
Nos aimables du bon ton
Vont tous crier au scandale....
Je riz du qu'en dira-t-on,
 Et guidé,
 Secondé
Par mon sujet qui m'inspire,
Je n'ai qu'un mot à leur dire :
La halle inspira Vadé.

Si Lucullus, qu'on dit être
Des Romains le plus gourmand,
Jadis avait pu connaître
Ce superbe monument,
 Chers amis,
 Je prédis
Qu'il eût troqué, ce brave homme,
Le Capitole de Rome
Pour la halle de Paris.

Bœuf, lapin, canard sauvage,
Maquereau, macaroni,
Saucisson, merlan, fromage,
Tout s'y trouve réuni;
    Et le né,
    Etonné
Du parfum qui s'en exhale,
En s'éloignant de la halle
Croit avoir dix fois dîné.

Si, par un nouveau déluge,
Le monde était submergé,
Permets, ô souverain juge,
Que ce lieu soit protégé!
    Tu prétends
    Des méchans
Punir la race infernale;
Mais le quartier de la Halle
Est celui des *Innocens.*

Voyez l'anguille vivante
Fretiller dans ce baquet;
Quelle chère succulente
Elle promet au gourmet !
    Traiter l'eau
    De fléau,

Est une erreur des plus sottes ;
Aurions-nous des matelottes,
Si nous n'avions pas de l'eau ?

Bref, viande fraîche ou salée,
OEufs, lard, pois, pain, vin, choux-fleurs,
Tout se prend dans la mêlée,
Et chacun des acheteurs,
    Du repas
    A grands pas
Sentant que l'instant approche,
Court, l'un son veau dans sa poche,
L'autre son bœuf sous le bras.

Fourneaux, pétillez bien vite ;
Rôtisseurs, chauffez vos fours ;
Dressez-vous, chaudron, marmite,
Et toi, broche, mes amours,
    Viens du cours
    De mes jours
Nourrir la gaîté féconde,
Et tourne comme ce monde,
Qui, dit-on, tourne toujours.

LE PALAIS-ROYAL.

Air de la Sauteuse,

Du Palais-Royal
Comme je peindrais bien l'image,
Si de Juvénal
J'avais le trait original !
Mais tant bien que mal,
Muse, entamons ce grand ouvrage...
Quel homme, au total,
Mieux que moi connaît le local ?
Entrepôt central
De tous les objets en usage,
Jardin sans rival,
Qui du goût est le tribunal...
L'homme matinal
Peut, à raison d'un liard la page,
De chaque journal
S'y donner le petit régal.
D'un air virginal,
Une belle au gentil corsage

49

Vous mène à son bal
Nommé *Panorama moral...*
Sortant de ce bal ,
Si de l'or vous avez la rage ,
Un rateau fatal
Sous vos yeux roule ce métal ,
Et par ce canal
L'homme de tout rang, de tout âge ,
Va d'un pas égal
A la fortune, à l'hôpital.
Le Palais - Royal
Est l'écueil du meilleur ménage;
Le nœud conjugal
S'y brise net comme un cristal.
Le provincial ,
Exprès pour l'objet qui l'engage ,
Y vient d'un beau schall
Faire l'achat sentimental;
Mais l'original
A vu certain premier étage...
Heureux si son mal
Se borne à la perte du schall !...
Dans un temps fatal ,
Si de maint politique orage
Le Palais-Royal
Devint le théâtre infernal ,

Du gai carnaval
Il est aujourd'hui l'héritage.
Jeu, spectacle, bal
Y sont dans leur pays natal.
Flamand, Provençal ,
Turc, Africain, Chinois, Sauvage,
Au moindre signal
Tout se trouve au Palais-Royal ;
Bref, séjour banal ,
Du grand , du sot , du fou, du sage,
Le Palais-Royal
Est le rendez-vous général.

LA DÉSOLATION GÉNÉRALE,

ou

LA SUPPRESSION DES BILLETS *GRATIS*.

CHŒUR.

AIR : Quel désespoir!

QUEL désespoir !
Plus de billets de comédie !
Quel désespoir !
Qu'allons-nous devenir le soir?

C'est nous que congédie
Un ordre révoltant !
C'est une perfidie...
Nous applaudissions tant !

Quel désespoir!
Plus de billets de comédie !
Quel désespoir!
Qu'allons-nous devenir le soir?

AIR : Que le sultan Salad'n.

Ces billets m'ont tant de fois
Epargné chandelle et bois !
Tout-à-coup on les retranche ;
Et qui voudra le dimanche
Voir comédie, opéra,
    Paîra,
    Paîra,
Et d'après cet ordre-là
Il faudra brûler de plus belle
    Bois et chandelle (*bis*).

UN DIRECTEUR.

AIR : Lise épouse l' beau Gernance.

A chaque pièce nouvelle,
Bien certain de votre zèle,
Nous opposions aux sifflets
Un déluge de billets :
C'est l'intérêt de la pièce
Qui nous prescrivait cela...
Mais l'intérêt de la caisse
N' connaît pas ces billets-là (*bis*).

53

LES CAFETIERS DES DIFFÉRENS THÉATRES.

AIR : Je vous comprendrai toujours bien.

Mais nous , dont les punchs renommés
Disposaient si bien les athlètes ,
Les billets *gratis* supprimés
Suppriment aussi nos recettes :
C'est chez nous que ces fiers soldats
De la pièce plaidaient la cause ,
Et, qu'elle prît ou ne prît pas,
Ils prenaient toujours (*ter*) quelque chose.

UN CABALEUR.

AIR : On dit que le Diable est céans (*de Monténéro*).

Sans doute , messieurs les acteurs ,
Ce changement est votre ouvrage ;
Et c'est d'un si cruel outrage
Que vous payez vos défenseurs !
  Mais patience , (*bis*)
Plus de billets, plus d'indulgence;
Craignez notre indignation....
La bonne ou mauvaise action
A tôt ou tard sa récompense.

*

UN CHEF DE FILE.

AIR : Il faut que l'on file doux.

Et moi, qui de votre gloire
Fus le premier instrument,
Une trahison si noire
Paîra donc mon dévoûment !
Tragédie ou vaudeville,
Faible de plan et de style,
Paraissait-il chanceler,
C'est le chef de file, file, file
Qui l'empêchait de filer. } *Bis.*

UN CLAQUEUR *à un chef d'emploi.*

AIR : Traitant l'Amour sans pitié (de *Voltaire chez Ninon*).

Un soir, dans Agamemnon,
Nous vous jurâmes d'avance
D'applaudir à toute outrance
A chaque coup de talon ;
Achille était votr...   e,
Et je ne sais trop, ...on drôle,
Sans ce petit coup d'épaule,

Ce qui vous fût arrivé ;
Mais la main fut si docile,
Et le talon si mobile,
Que ce qui perdit Achille
Est ce qui vous a sauvé. (*Bis.*)

LES ACTEURS.

AIR : Que d'établissemens nouveaux !

Quoi ! vous vous en prenez à nous
Des billets *gratis* qu'on supprime ?
Eh ! mes amis , bien plus que vous
L'acteur n'en est-il pas victime ?
Quand un créancier inquiet
Venait faire le bon apôtre ,
Nous lui faisions notre billet.....
Pour ne pas en payer un autre. (*B*

UN COMIQUE.

AIR : Je suis né natif de Férare,

Uthal payait la revendeuse ;
Le *Traité Nul* , la parfumeuse ;
Richard payait le bijoutier ;
Anacréon , le cordonnier ;

Othello payait la modiste,
Et les *Templiers*, l'aubergiste;
Titus payait le perruquier,
Et la *Prude*, le culottier.

UNE PRINCESSE.

Air des Fleurettes.

Hélas ! avant la pièce
Qui nous exaltera ?
Dans le cours de la pièce
Qui nous applaudira ?
Si nous manquons dans la pièce,
Quel ami nous défendra?
Et qui nous demandera
Après la pièce ?

CHŒUR GÉNÉRAL DES CABALEURS.

AIR: Courez vite, prenez le patron.

Rendez-nous, rendez-nous nos billets,
Ou vous périrez sous les sifflets....
Oui, j'en fais hautement
Le serment,

Nous sifflerons jusques au bout
Tout.
Chaque ouvrage qui sera joué
Sera bafoué,
Honni, hué
Et conspué;
A chaque morceau,
Mauvais ou beau,
Nous éternûrons,
Nous bâillerons,
Nous tousserons.,..
Dans l'horreur
De ce courroux vengeur,
Rien enfin
N'ira jusqu'à la fin,
Et l'auteur
Ou l'acteur
Le meilleur,
Fût-il un prodige, un phénix,
Nix.

RONDE DE TABLE.

AIR : Pour étourdir le chagrin.

ALLONS , mettons-nous en train ;
Qu'on rie,
Et que la folie
D'un aussi joli festin
Vienne couronner la fin.

Si par quelques malins traits
Les convives se provoquent ,
Ici ce ne sont jamais
Que les verres qui se choquent.

Allons , etc.

Le vin donne du talent
Et vaut , dit-on , une muse ;
Or donc, en me l'infusant ,
J'aurai la science infuse.

Allons , etc.

Amis , c'est en préférant
La Bouteille à la caraffe ,
Qu'on voit le plus ignorant
Devenir bon géographe.

Allons , etc.

Beaune , pays si vanté !
Châblis , Mâcon , Bordeaux , Grave...
Avec quelle volupté
Je vous parcours dans ma cave !

Allons , etc.

Champagne, ton nom flatteur
A bien plus d'attraits, je pense,
Sur la carte du traiteur
Que sur la carte de France.

Allons , etc.

A voir ainsi du pays
On s'expose moins , sans doute :
Il vaut mieux, à mon avis ,
Verser à table qu'en route,

Allons, etc.

Je sais qu'une fois en train ,
On est étendu par terre
Tout aussi bien par le vin
Que par un vélocifère.

Allons, etc.

Mais voyage qui voudra ;
A moins que l'on ne me chasse ,
D'un an , tel que me voilà ,
Je ne bougerai de place.

Allons, etc.

Ce lieu vaut seul, en effet ,
Toute la machine ronde ,
Et le tour de ce banquet
Est pour moi le tour du monde.

Allons, etc.

Il faudra pourtant, amis ,
Fuir de ce séjour aimable ;
En quittant ce paradis ,
Nous nous donnerons au diable.

Allons, etc.

RIEN QU'UNE.

CONTE.

Certain curé, las d'être seul au lit,
Tenait du moins à ne pas l'être à table,
Et pour convive avait servante aimable,
De bonne mine et de bon appétit.
Dans un pieux et friand tête-à-tête,
Thérèse et Tonsurin (c'est le nom du curé),
Quand du repas la prière était faite,
D'un bon vin vieux nouvellement tiré
Et d'un poulet avec art préparé,
Se régalaient, surtout les jours de fête...
Et par degrés Thérèse, dont Bacchus
Électrisait les sens très-inflammables;
S'abandonnait à des désirs coupables,
Et certains mots, par saint Paul défendus,
Du bon curé venaient choquer l'oreille;
Mais Tonsurin, achevant sa bouteille,
N'y répondait que par des *oremus;*
Puis saintement, les yeux sur son bréviaire,
Dontdeuxdoigtsseulstournaientleparchemin,

Il regagnait sa couche solitaire,
Tandis que l'autre, un bougeoir à la main,
Et ses beaux yeux baissés sur son beau sein,
Tout en pleurant l'ennui du presbytère,
De sa cellule enfilait le chemin.
Or, de Thérèse et du bon Tonsurin
C'était, amis, la conduite ordinaire;
Nota pourtant que quand chez le patron
Certains curés, confrères charitables,
Pour y dîner arrivaient sans façon,
Las! pour Thérèse, adieu mets délectables!
Adieu bon vin, café, liqueurs, adieu!
De son repas l'office était le lieu,
Et, de bon cœur, les ministres de Dieu
Étaient donnés par elle à tous les diables.
Arrive enfin l'antique jour des Rois,
Jour solennel aux fastes de l'Eglise,
Et Tonsurin, qui respecte ses lois,
Court au marché : péché de gourmandise
Est bien permis en telle occasion :
Et qui pour Dieu meurt d'indigestion,
Mérite bien que Dieu le canonise.
Or sus, Thérèse, un panier sous le bras,
Et son patron sous une houpelande,
Malgré le vent, la neige et le verglas,
Jusqu'au marché cheminent à grands pas,

Et tour à tour l'un ou l'autre demande :
Combien cette oie? On dispute, on marchande,
Bref, on achète : ils reviennent transis;
Mais un bon feu les attend au logis.
Thérèse éprouve une secrète joie,
Thérèse espère avoir sa part de l'oie
Et du gâteau qu'on achète en rentrant.
N'étant que deux, le pasteur sûrement
Aura la fève ; et l'on conçoit sans peine
Que s'il est roi, Thérèse sera reine.
Le feu s'allume, et l'oie au même instant
Par le brasier doucement colorée,
Au gré du fer tournant et retournant,
Offre aux regards sa surface dorée.
La nuit survient : la pendule a sonné
Du fin souper le moment fortuné ;
Déjà la table est dressée et servie;
Déjà Thérèse a mis son blanc corset,
Son jupon vert et son nouveau bonnet...
Déjà de beaux marrons et de truffes farcie,
Son oie exhale un savoureux fumet...
Déjà placé vis-à-vis sa servante,
Le bon pasteur a saisi son couteau,
Tracé les parts, découpé le gâteau.
On sonne, on ouvre : ô douleur accablante !
Ma plume, hélas ! s'arrête à cet endroit...

Thérèse pâle, interdite, chagrine,
Cède sa place au vicaire Benoît,
Et va souper seule dans sa cuisine.
—Hé! bonjour donc!—J'arrive sans façon
—C'est fort bien fait; ton bon ange t'envoie...
Assied-toi là ; tu goûteras d'une oie
Délicieuse, et d'un vin.... Ah! pardon,
Je suis à toi ; je descends à ma cave,
Et j'en apporte un certain vin de Grave
Qui... tu verras... tu le trouveras bon.—
Il sort.—Monsieur, dit Thérèse au vicaire,
En accourant, vous êtes seul?—Pourquoi?
—Pour vous donner un avis salutaire :
Sachez qu'ici pour vous je meurs d'effroi
—Que veux-tu dire? explique-toi, ma chère.
—Vous ignorez que monsieur Tonsurin,
Que vous croyez avoir l'esprit très-sain,
A par instant des accès de folie
Si dangereux, que souvent on le lie.
—Il serait fou! lui?—Que trop, par malheur.
Trois fois par an sa tête se détraque,
Et c'est toujours entre Noël et Pâque;
Voici l'époque.—O ciel! je meurs de peur,
Si ces accès allaient le prendre à table?
—C'est très-possible, et même très-probable,
Car vous savez qu'il ne boit jamais d'eau ;

Il a des vins de toutes les espèces,
Et vous sentez que leurs vapeurs épaisses
Facilement ébranlent son cerveau.
—Mais à quoi donc pourrai-je reconnaître?...
—Dès que monsieur verra mon pauvre maître,
L'un contre l'autre éguiser deux couteaux,
Sans plus tarder, alors je lui conseille
De s'évader, s'il ne juge à propos,
Pour un souper, de laisser une oreille.
—Non, par saint Jean!—Quand sa tête s'en va,
A ses désirs malheur à qui s'oppose!
Il faut qu'il coupe, et dans ce moment-là
Son oie ou vous ce serait même chose.
—A table! à table! allons, maître Benoît,
Dit en rentrant, armé de deux bouteilles,
Le bon curé ; ce vin fera merveilles.
Choisis ta part du gâteau; sous mon doigt
Je sens la fève; oui, tiens, voilà l'endroit...
Hé non, c'est toi qui l'as! Ah! de la sorte :
Tu viens chez moi me détrôner, n'importe ;
A ta santé.—Volontiers.—Le roi boit!
Bref, sur un plat la maligne Thérèse,
A pas comptés apporte en soupirant
Le mets friand, succulent, odorant ;
A son aspect tous trois se pâment d'aise :
Mais pour Benoît, quel spectacle effrayant,

*

Quand le curé, d'un œil étincelant,
Considérant et le vicaire et l'oie,
Semble hésiter sur le choix de sa proie ;
Quand saisissant deux larges coutelas,
Que l'un sur l'autre il frotte à tour de bras,
Au vieux Benoît qui tremble sur son siége,
Il dit tout haut :—Cà, que te couperai-je ?—
Figurez-vous, à ce mot foudroyant,
Maître Benoît renversant les bouteilles,
Dans ses deux mains tenant ses deux oreilles,
Franchir la porte, et plus prompt que le vent,
Dégringoler l'escalier cul sur tête,
A travers champs crier : arrête ! arrête !
Pousser, heurter les passans effrayés,
Qui pour un fou prennent notre vicaire ;
N'oser enfin baisser les yeux à terre,
De peur de voir son oreille à ses pieds.
Figurez-vous Thérèse, ivre de joie,
De sa frayeur riant malignement,
Et le curé, muet d'étonnement,
Prêt à couper les deux cuisses de l'oie,
Sur l'escalier le poursuivre en criant :
—Rien qu'une, ami, rien qu'une seulement.—
Mais c'est en vain... Thérèse est radieuse.
Bref, il revient, et sans doute on conçoit
Qui prit la place et la part de Benoît...

Par ce manége enfin victorieuse,
Goûtant le prix de son mensonge adroit,
L'espiègle en rit comme une bienheureuse.
Le cher curé, bientôt instruit du tour,
En rit aussi : riez à votre tour.

A MADAME ***,

Qui avait demandé à l'Auteur un billet pour la première
représentation d'une de ses pièces au Vaudeville.

Quoi ! vous désirez un billet
Pour aller voir un Vaudeville,
Un édifice bien fragile
S'écrouler au bruit du sifflet ?
Non, non, madame, s'il vous plaît ;
Dût mon refus me mettre en butte
A l'excès de votre courroux,
Je ne suis nullement jaloux
D'épouvanter des yeux si doux
Par le spectacle de ma chute.
Je crois vous entendre déjà
Traiter mes craintes de folies.
Soit ; mais souffrez malgré cela,
Que sur des mains plus aguerries
Je fonde l'espoir du succès...
S'il ne les fallait que jolies,
Vous auriez eu tous mes billets.
D'ailleurs, l'amour-propre, madame,
Me défend de vous accorder

Ce que votre amitié réclame...
Oserais-je vous regarder
Si, par un sort trop ordinaire,
J'étais réduit à succomber
Sous les coups d'un public sévère?
Quoi! vos yeux m'auraient vu tomber!
Non, épargnez-moi cette honte;
Si parfois l'auteur la surmonte,
Ah! ce n'est jamais devant vous;
Et celui qui connaît vos charmes,
Heureux de vous rendre les armes,
Ne doit tomber...... qu'à vos genoux.

LE NOIR.

Air de la Sauteuse.

Du matin au soir
Le noir
Joint l'éclat à la grâce ;
Dans toute saison
Le noir, dit-on,
Est de bon ton.
On se met en noir,
Lorsqu'on va voir
Les gens en place ;
Le juge est en noir
Quand sur son siége
Il va s'asseoir ;
Le noir
Fait valoir
Dans le boudoir,
Un sein de neige ;
Auteur
Et docteur
Ont adopté cette couleur ;

C'est en habit noir
Que l'on épouse ce qu'on aime ;
Maint drame le soir
Nous a fait voir
Thalie en noir.
Suit-on un cercueil,
Le noir du deuil
Offre l'emblême,
Et c'est la couleur
Qu'au bal aime plus d'un danseur ;
Bref, le noir
S'allie
Au désespoir,
A la folie,
Et sous cet habit,
On juge, on danse, on pleure, on rit.

MA PHILOSOPHIE.

CHANSON MORALE.

AIR: Fournissez un canal au ruisseau.

Pour jamais l'an vient de s'écouler (1);
Amis, c'est un mal sans remède,
Et bien loin de nous en désoler,
Ne songeons qu'à l'an qui succède;
Oui, livrons-nous, pour rajeunir,
Aux transports d'une gaîté folle,
Et, ne pouvant fixer le Temps qui vole,
Tâchons de fixer le Plaisir.

Si l'objet dont nous sommes épris
Devait toujours rester le même,
A nos yeux il perdrait de son prix :
Tout viellit, c'est la loi suprême;
Et lorsque l'an vers son déclin
Loin de moi fuit à tire-d'aile,
Je vois bien moins ce qu'il ôte à ma belle,
Que ce qu'il ajoute à mon vin.

(1) Cette chanson parut le 1er janvier 1807.

Moquons-nous de la fuite du Temps,
Et n'en regrettons que la perte ;
Que toujours de vingt mets différens
Notre table reste couverte...
Et chantons à tous nos repas :
« L'appétit naît de la folie ;
» Or, les seuls jours perdus dans cette vie,
» Sont les jours où l'on ne rit pas. »

Aimons bien, buvons bien, mangeons bien,
Jusqu'à la fin de notre route ;
Et surtout, amis, ne gardons rien
Pour un lendemain dont on doute.
Alors l'avare nautonier,
Aux enfers prêt à nous descendre,
Prévoyant bien qu'il n'aurait rien à prendre,
Finira par nous oublier.

JEAN QUI PLEURE ET JEAN QUI RIT.

Air du vaudeville du Rémouleur et de la Meunière.

Il est deux Jean dans ce bas monde,
Différens d'humeur et de goût ;
L'un toujours pleure, fronde, gronde ;
L'autre rit partout et de tout.
Or, mes amis, en moins d'une heure,
Pour peu que l'on ait de l'esprit,
On conçoit bien que Jean qui pleure
N'est pas si gai que Jean qui rit.

Aux Français une tragédie
A-t-elle éprouvé quelqu'échec ?
Vite, d'une autre elle est suivie :
Le public la voit d'un œil sec ;
L'auteur en vain la croit meilleure ;
On siffle…. son rêve finit…
Dans la coulisse est Jean qui pleure ;
Dans le parterre est Jean qui rit.

Jean-Jacques gronde et se démène
Contre les hommes et leurs mœurs ;
La gaîté de Jean La Fontaine
Epure et pénètre les cœurs ;
L'un avec ses grands mots nous leurre ;
De l'autre un rat nous convertit :
Nargue, morbleu, du Jean qui pleure !
Vive à jamais le Jean qui rit !

Dupe d'une fausse caresse,
Floricourt, ivre de désirs,
Saisit la coupe enchanteresse
Qu'un dieu fripon offre aux plaisirs.
En riant l'imprudent l'effleure,
Il la savoure, il la tarit ;
Et le lendemain Jean qui pleure
Succède, hélas ! à Jean qui rit.

Jean, porteur d'eau de la Courtille,
Un soir se noya de chagrin ;
Un autre Jean, jeune et bon drille,
Tomba mort ivre un beau matin.
Et sur leur funèbre demeure
On grava, dit-on, cet écrit :
« Le ciel fit l'eau pour Jean qui pleure,
» Et fit le vin pour Jean qui rit. »

Auprès d'un vieux millionnaire,
Qui va dicter son testament,
Le Jean qui rit est en arrière,
Le Jean qui pleure est en avant;
Jusqu'à ce que le vieillard meure
Il reste au chevet de son lit;
Est-il mort? adieu Jean qui pleure,
On ne voit plus que Jean qui rit.

Professeurs dans l'art de bien vivre,
Dispensateurs de la santé,
Vous, que ne cessent pas de suivre
Et l'appétit et la gaîté,
Ma chanson est inférieure
A tout ce qu'on a déjà dit,
Et je vais être Jean qui pleure
Si vous n'êtes pas Jean qui rit.

V'LA C' QUE C'EST QUE L' CARNAVAL.

AIR : V'là c' que c'est qu' d'aller au bois.

Momus agite ses grelots,
Comus allume ses fourneaux
Bacchus s'enivre sur sa tonne,
Pallas déraisonne ;
Apollon détonne ;
Trouble divin , bruit infernal...
V'là c' que c'est que l' Carnaval.

Au lever du soleil on dort,
Au lever de la lune on sort ;
L'époux, bien calme et bien fidèle,
Laisse aller sa belle
Où l'amour l'appelle :
L'un est au lit , l'autre est au bal.
V'là c' que c'est que l' Carnaval.

*

Carosses pleins vont par millier,
Regorgeant dans tous les quartiers ;
Dedans , dessus , devant , derrière ,
Jusqu'à la portière ,
Quelle fourmilière !
Des fous on croit voir l'hôpital...
V'là c' que c'est que l' Carnaval.

Un char pompeusement orné
Présente à notre œil étonné
Quinze poissardes qu'avec peine
Une rosse traîne ;
Jupiter les mène ;
Un cul-de-jatte est à cheval...
V'là c' que c'est que l' Carnaval.

Arlequin courtise Junon ,
Colombine poursuit Pluton ,
Mars madame Angot qu'il embrasse ,
Crispin une Grâce.
Vénus un Paillasse ;
Ciel , terre , enfers , tout est égal...
V'là c' que c'est que l' Carnaval.

Mercure veut rosser Jeannot ;
On crie à la garde aussitôt ,
Et chacun voit , de l'aventure ,
    Le pauvre Mercure
    A la préfecture
Couché sur un procès-verbal.
V'là c' que c'est que l' Carnaval.

Profitant aussi des jours gras ,
Le traiteur déguise ses plats ,
Nous offre vinaigre en bouteille,
    Ragoût de la veille ,
    Daube encor plus vieille.
Nous payons bien , nous soupons mal...
V'là c' que c'est que l'Carnaval.

Un bœuf , à la mort condamné ,
Dans tout Paris est promené :
Fleurs et rubans parent sa tête :
    On chante , on le fête ,
    Et , la ronde faite ,
On tue , on mange l'animal...
V'là c' que c'est que l' Carnaval.

Quand on a bien ri , bien couru ,
Bien chanté , bien mangé , bien bu ,
Mars d'un fripier reprend l'enseigne,
Pluton son empeigne ,
Jupiter son peigne ,
Tout rentre en place , et bien ou mal.
V'là c' que c'est que l' Carnaval.

LE CARÊME.

AIR: Mon père était pot.

Puisqu'on s'exerce plus gaîment
Sur un sujet qu'on aime,
Devrait-on forcer un gourmand
A chanter le Carême ? (1)
Mais, tant bien que mal,
Il faut du journal
En tout point suivre l'ordre.
Puisse mon sujet,
Tout maigre qu'il est,
Me donner de quoi mordre !

Adieu, pâtés et saucissons !
En ces jours d'abstinence,
Ce n'est, hélas ! que de poissons
Que se nourrit la France.

(1) Ce mot avait été donné à l'auteur.

Pour que le péché
Dont il s'est taché
S'efface de lui-même ,
Vous voyez qu'il faut
Que le vrai dévot
Pèche tout le Carême.

Cochons , que votre sort est doux
Quand Mardi-Gras nous laisse !
Vos bourreaux, suspendant leurs coups ,
Respectent votre graisse ;
Et quoiqu'à bon droit
Le Carême soit
Prescrit par plus d'un moine ,
Un pareil statut
Prouverait qu'il fut
Fondé par saint Antoine.

Hélas ! de plaisirs aussi courts
Faut-il qu'on se repente ,
Et pour avoir ri quinze jours
Doit-on jeûner quarante ?
Le marin souvent
Subit en rentrant
Une aussi longue peine ;
Mais au moins il peut

Manger ce qu'il veut,
Pendant sa quarantaine.

Hier, pensant à ma chanson
Plus qu'à ma ménagère,
Je ne lui disais que : — Paix donc ;
J'ai mon Carême à faire. —
Je voulus la nuit
Lui dire sans bruit
Ce qu'on dit quand on aime.....
Un peu moins d'amour !
Dit-elle à son tour ;
Faites votre Carême.

Enfin, chers gourmands, je l'ai fait :
Il faut qu'on se résigne ;
Mais convenez que le sujet
De nous n'était pas digne.
Et toi, cher lecteur,
Puisque, par malheur,
Le Carême est d'instance,
Bien tournée ou non,
Chante ma chanson
Au moins par pénitence.

COUPLETS

CHANTÉS UN JOUR DE NOCE PAR LE PÈRE
DE LA MARIÉE.

AIR : V'là c' que c'est qu' d'aller au bois.

Mon dieu! mon dieu! quel embarras
Qu' d'avoir un' fille sur les bras!
On se dit, dès son plus bas âge :
    « Sera-t-elle sage?
    » Heureuse en ménage?»
Pendant quinze ans on n' pens' qu'à ça...
  V'là c' que c'est que d'êt' papa.

A quatre ans, quel maudit sabbat!
Ça crie, ou ça mord, ou ça bat.
Pour rendre l'espiègle muette,
    On lèv' la jaquette,
    On soufflette, on fouette;
Puis un baiser vient gâter ça...
  V'là c' que c'est que d'êt' papa.

A huit ans ça veut babiller,
Ça veut trancher, ça veut briller :
Soir et matin, la p'tit' coquette
    N' rêve que toilette ;
    Il faut qu'on achète
Colliers par-ci, brac'lets par-là...
  V'là c' que c'est que d'êt' papa.

C'est à douze ans, qu' faut voir venir
Des maîtres à n'en plus finir !
Danse, dessin, musique, histoire
    Enflent le mémoire...
    C'est la mer à boire !
Au bout du mois faut payer ça...
  V'là c' que c'est que d'êt' papa.

Mais p'tit à p'tit v'là qu' ça grandit,
Qu' ça s'embellit, qu' ça s'arrondit...
D' not' fille on vante la figure,
    L'esprit, la parure,
    Le ton, la tournure,
Et nous mordons à c't ham'çon-là...
  V'là c' que c'est que d'êt' papa.

  Un beau garçon s'présente enfin,
  Doux, honnête et l' cœur sur la main ;

D' plaisir, d'amour son cœur pétille...
  Il plaît à la fille,
  A tout' la famille ;
L' père enchanté dit : Touchez-là...
V'là c'que c'est que d'èt'papa.

Les bancs sont bientôt publiés,
Et les jeunes gens mariés :
Au Cadran-Bleu l' festin s'ordonne ;
  L' mari qui le donne,
  D' plaisir déraisonne
En pensant qu'un jour il dira :
  V'là c' que c'est que d'èt' papa.

A la fin du joyeux repas,
Au couple heureux on tend les bras ;
L'un, quittant sa place et son verre,
  Saute au cou d' la mère,
  L'autre au cou du père,
Qui pleure et dit, en voyant ça :
  V'là c' que c'est que d'èt' papa.

LA TABLE.

AIR : *Je ne veux la mort de personne.*

En vrai gourmand, je veux ici
Chanter ce meuble nécessaire
Dont tout les mois l'attrait chéri
Double nos nœuds et les resserre ; (1)
Oui, quels que soient les traits mordans
Dont la critique nous accable,
Au risque de ses coups de dents,
Je vais m'étendre sur la table.

Comment refuser son tribut
A cette mère universelle !
Sans la table, point de salut,
Et nous n'existons que par elle :
L'alcove où l'homme s'amollit
Lui peut-elle être comparable ?
Les pauvres mourans sont au lit ;
Les bons vivans ne sont qu'à table.

(1) La Société épicurienne du Caveau moderne s'assemblait tous les mois au Rocher de Cancalle.

Quel doux spectacle, quel plaisir
De voir ces sauces parfumées
Dont toujours, prompt à les saisir,
L'odorat pompe les fumées !
On rit, on chante, on mange, on boit...
De bonheur source intarissable !
Le cœur pourrait-il rester froid,
Quand il voit tout fumer à table ?

Deux rivaux entendent sonner
L'instant qui menace leur vie :
A faire un dernier déjeuner
Un témoin sage les convie :
Dans le vin tous deux par degrés
Eteignent leur haine implacable,
Ils seraient peut-être enterrés,
S'ils ne s'étaient pas mis à table.

Le gros Raymond voit chaque jour
Cent wiskis assiéger sa porte ;
Il reçoit la ville et la cour ;
La renommée aux cieux le porte.
— Il a donc de rares vertus ?
— Non. — A-t-il un rang remarquable ?
Des talens ? de l'esprit ? — Pas plus.
— Qu'a-t-il donc ? — Il a bonne table.

Grands yeux bien noirs et bien piquans,
Oreille ou poitrine rôtie,
Petite bouche, belles dents,
Cervelle grasse et bien farcie,
Taille légère, bons gigots,
Sein de lis, langue délectable,
Jambe mignonne, pieds de veaux,
Voilà ma maîtresse et ma table.

A table, on compose, on écrit;
A table, une affaire s'engage;
A table, on joue, on gagne, on rit;
A table, on fait un mariage;
A table, on discute, on résout;
A table, on aime, on est aimable.
Puisqu'à table on peut faire tout,
Vivons donc sans quitter la table.

IMPROMPTU

ADRESSÉ PAR UNE JEUNE DAME A UN DE SES
PARENS.

Quoi! vous désirez mon portrait!
De vos bontés quelle preuve nouvelle!
Je croyais qu'il vous suffirait
De vous être assuré tout l'amour du modèle.
Le voici, ce portrait; je tremble en vous le
    l'offrant.
Et mon dernier désir (je n'en forme point
    d'autre)
C'est que vous le trouviez à peu près ressem-
    blant.
J'aimerais mieux qu'il fût parlant :
Il vous demanderait le vôtre.

ÉPITRE

A UN CONVIVE CONVALESCENT.

Vous, cher confrère, *in extremis !*
Quel coup *pro vestris amicis,*
S'il nous avait fallu, *jocis,*
Dîners et chansons *remotis,*
Escorter d'un *de profundis*
Votre voyage *in excelsis !*
Ah ! c'est pour le coup que *Piis,*
Philipon, Antignac, Francis,
Et *Capelle* le cadédis,
Tous nos frères *in opimis,*
Seraient tombés *in lacrymis.*
Mais enfin *proximus mensis,*
Pourra vous voir *nostris mensis ;*
Et boire et manger comme six.
Douce espérance ! *spes dulcis !*
Gratias agamus Diis,

92.

In santo nomine patris
Et tuæ caræ salutis.

Fait *sub oculo LAUJONIS,*
        Président, *corde juvenis.*

                Desaugiers, frère *in gaudiis,*
                        Secrétaire *in auxiliis.*

A la fin d'*Augusti mensis* (1),
Et anno priore pacis.

(1) 1807.

FAUTE D'UN MOINE, L'ABBAYE
NE MANQUE PAS.

AIR : Ça n' se peut pas.

De Comus nous ouvrons le temple ;
Gourmands, buveurs, accourez tous,
Et, pour mieux suivre notre exemple,
Soyez exact au rendez-vous ;
Car, la soupe une fois servie,
Si l'un de nous manque au repas,
Faute d'un moine, l'abbaye
  Ne manque pas (*bis*).

Avez-vu vous la pauvre Ursule
Depuis que son mari n'est plus ?
Sa maison est une cellule,
Tous les hommes en sont exclus :
Les uns pensent qu'elle s'ennuie,
Et les autres disent tout bas :
Faute d'un moine, l'abbaye
  Ne manque pas.

La nuit, la frileuse Laurence
Au feu d'un moine avait recours ;
Sa vieille maman, par prudence,
Procrit le moine pour toujours ;
Mais quand une fille jolie
Craint de grelotter dans ses draps,
Faute d'un moine, l'abbaye
    Ne manque pas.

Santeuil, de joyeuse mémoire,
Du couvent s'échappait sans bruit
Pour aller chanter, rire et boire
Le jour, et quelquefois la nuit.
— Autant, vaut se disait l'impie,
Rire ici que ronfler là-bas ;
Faute d'un moine, l'abbaye
    Ne manque pas.

Jurons, quoique tout ait son terme,
De ne jamais nous désunir ;
Amis, verre en main, tenons ferme
Jusqu'à notre dernier soupir ;
Et si la mort me congédie,
Chantez tous après mon trépas :
Faute d'un moine, l'abbaye
    Ne manque pas.

LES COUPS.

Air du vaudeville du Chapitre second.

Tout homme ici-bas a sa part
Des coups qui menacent la vie :
Le joueur craint ceux du hasard,
Le riche craint ceux de l'envie,
L'ennemi craint ceux du canon,
Le poltron craint les coups de canne,
Et l'homme à talent est, dit-on,
Sujet au coup de pied de l'âne.

Un coup de tête bien souvent
Aux jeunes gens devient funeste ;
Un coup de langue est du méchant
L'arme qu'à bon droit on déteste ;
L'espérance du laboureur
Par un coup de vent est trompée ;
Un coup de patte à son auteur
Parfois attire un coup d'épée.

Un coup de théâtre mal fait
Indispose tout un parterre,
Et l'auteur au coup de sifflet,
Est frappé d'un coup de tonnerre;
Les coups fourrés ont des attraits
Pour la beauté la moins friponne.
Mais, chez elle on sait que jamais
Un coup manqué ne se pardonne.

Tout fiers de leurs nouveaux succès,
Nos riches étonnés de l'être,
Se vantent que leurs coups d'essais
Ont été de vrais coups de maître!
Mais, de la fange étant sortis,
Malgré l'éclat de leurs carrosses,
La poussière de leurs habits
Résiste à tous les coups de brosses.

Il est des coups que ne craint pas
L'amant bien épris de sa belle;
Un seul coup d'œil lui dit tout bas :
« Au coup de minuit sois fidèle. »
Minuit sonne; au coup de marteau
S'ouvre la porte clandestine,
Et ceints de l'amoureux bandeau,
Ils font leurs coups à la sourdine.

Chers amis, comme en vous chantant
Coup sur coup six couplets, je tremble
D'avoir perdu des coups de dent,
Buvons au moins un coup ensemble ;
Si de ma chanson sur les coups
L'assommante longueur vous lasse,
Je consens, par pitié pour vous,
A vous donner le coup de grâce.

TOUT CE QUI LUIT N'EST PAS OR. (1)

AIR : Dans la paix et l'innocence.

Pour une chanson nouvelle
J'invoquais mon Apollon,
Quand je vis à ma chandelle
Se brûler un papillon ;
Et cet accident tragique
M'inspira, sans nul effort,
Ce refrain philosophique :
Tout ce qui luit n'est pas or.

Sans argent, sans espérance,
Figeac plaignait son destin.

(1) Je sais qu'on dit : *Tout ce qui* RELUIT *n'est pas or* ; mais j'ai cru pouvoir me permettre la soustraction d'une syllabe qui aurait contrarié les rapprochemens que je voulais établir, en offrant le verbe *luire* dans les diverses acceptions qu'il présente ; d'ailleurs cette licence réduit chacun de mes vers à *sept* syllabes ; *et numero Deus impari gaudet.*

— Hé, morgué ! d'la patience ,
Lui dit Pierre, son voisin ;
L' soleil luit pour tout le monde.
— Il luit, j'en tombé d'accord ;
Mais lorsqué l'estomac gronde,
Tout ce qui luit n'est pas or.

De la nuit perçant les voiles,
Un faux savant, un vrai sot
Au feu brillant des étoiles
Croit faire bouillir son pot;
Mais, loin de faire fortune,
Il se perd dans son essor,
Et voit qu'autour de la lune
Tout ce qui luit n'est pas or.

Dans mille pièces mesquines
Qu'un jour voit s'évanouir,
Costumes , décors , machines,
Tout est est fait pour éblouir ;
Mais au bout de la quinzaine
La baisse du coffre-fort
Prouve au caissier qu'à la scène
Tout ce qui luit n'est pas or.

Le jour de l'hymen d'Hortense ,
Son papa dit au futur :

— C'est la vertu, l'innocence ;
Le jour qui luit est moins pur. —
Mais la nuit, dit la chronique,
L'époux, déplorant son sort,
S'écria d'un ton tragique :
Tout ce qui luit n'est pas or.

Quand une Agnès se dit riche,
Quand un fat vante son nom,
Quand un médecin s'affiche,
Quand une belle dit non,
Quand un voyageur bavarde,
Quand un Anglais se dit lord,
Mes amis, prenez-y garde,
Tout ce qui luit n'est pas or.

PETITE PLUIE ABAT GRAND VENT.

AIR: Du partage de la richesse, *ou* du Petit Matelot.

LUNDI matin, un grand tumulte
Réveille toute ma maison ;
C'est un créancier qui m'insulte
Et veut m'envoyer en prison ;
Les soufflets pleuvent sur sa face,
Et mon juif, en les recevant,
Plus poli, me demande grâce.
Petite pluie abat grand vent.

Je sors , je rencontre une belle
Au teint de lys , au doux contours ;
Je la poursuis en dépit d'elle ,
Elle veut crier au secours ;
J'use aussitôt d'une recette
Qui réussit assez souvent ;
Ma Danaé devient muette.
Petite pluie abat grand vent.

*

Comblé des bontés de la dame,
Je cours chez l'ami Roberto :
Ce tendre époux battait sa femme
Prise... *in flagrante delicto.*
Mais au plus fort de la tempête,
Il la voit de pleurs s'abreuvant ;
Son courroux meurt, son bras s'arrête ;
Petite pluie abat grand vent.

Deux hommes, écumant de rage,
Plus loin se prenaient aux cheveux,
Voilà que d'un premier étage
On les arrose tous les deux ;
Voilà nos héros de l'ondée
A droite, à gauche se sauvant ;
Voilà la querelle vidée.
Petite pluie abat grand vent.

Le soir, je livrais au parterre
Le sort d'un enfant nouveau-né ;
Je verse le punch à plein verre
A maint claqueur déterminé ;
On veut siffler, et ma cohorte,
Tour à tour claquant et buvant,
Met tous les siffleurs à la porte.
Petite pluie abat grand vent.

Je regagne enfin ma deméure,
Où m'attendait certain minois ;
Je l'embrasse...., il était une heure ;
Le baiser dura jusqu'à trois :
Mais tôt ou tard l'amour sommeille,
Et bientôt Morphée arrivant,
Vint tout bas me dire à l'oreille :
Petite pluie abat grand vent.

L'EAU VA TOUJOURS A LA RIVIÈRE.

AIR: J'étais bon chasseur autrefois.

Amis, il est un fait certain
Que ne doit ignorer personne ;
La Moselle s'unit au Rhin,
Et la Dordogne à la Garonne,
L'Oise dans la Seine se rend,
Le Rhône se joint à l'Isère,
Et, bien ou mal, voilà comment
L'eau va toujours à la rivière.

Armateur, jadis porteur d'eau,
Mondor, qui se nommait Antoine,
Achète, équipe maint vaisseau ;
L'Océan est son patrimoine ;
Humble autrefois, fier aujourd'hui,
Au Pactole il se désaltère,
Et les faveurs pleuvent sur lui :
L'eau va toujours à la rivière.

L'ami Vigier, tous les matins,
Chez lui voit accourir la foule ;
Et tant qu'il coulera des bains,
Nous ne craignons pas qu'il se coule.
Vigier roule et nage dans l'or,
Sa fortune est liquide et claire,
Et chaque été la double encor.
L'eau va toujours à la rivière.

Un Jean-Baptiste, vigneron,
Ayant adopté pour système
D'imiter en tout son patron,
Honorait son vin du baptême.
Un jour la Seine débordant,
Vient inonder sa cave entière.
Il devait prévoir l'accident :
L'eau va toujours à la rivière.

Je voulais boire ce matin
A la source de l'Hippocrène ;
Vous m'avez coupé le chemin,
Et je reviens tout hors d'haleine.
Chaque mois vous m'opposerez
Cette insurmontable barrière.
Plus vous buvez, plus vous boirez :
L'eau va toujours à la rivière.

LA MOUTARDE APRÈS LE DINÉ.

AIR: Au clair de la lune.

Ma chanson à faire
Jusqu'à ce moment
Ne m'occupa guère;
Ce matin pourtant,
Ma muse musarde,
Avant déjeuné,
A fait la moutarde
Après le dîné.

Qu'une tragédie
Ait un plein succès,
Et, par jalousie,
Que deux jours après
Un journal bombarde
L'auteur couronné,
C'est de la moutarde
Après le dîné.

Jaloux de sa belle,
Certain vieux galant
Trouve un jour près d'elle
Son représentant.
Le sot qu'on brocarde
Crie en déchaîné....
C'est de la moutarde
Après le dîné.

Dans la capitale,
Un pauvre ingénu
Boit, joue et régale
Le premier venu ;
Mais s'il se hasarde
A traiter Phryné,
Gare la moutarde
Après le dîné.

Roch, purgeant Ragonde,
Que l'âge accablait,
Disait que ce monde
Etait un banquet.
Alors, dit la garde,
Tout votre séné
Est de la moutarde
Après le dîné.

Madame Gertrude
Veut, à soixante ans,
Faire encor la prude,
Mais il n'est plus temps.
En vain elle farde
Son teint suranné ;
C'est de la moutarde
Après le dîné.

Amis, je m'arrête,
Et crains, entre nous,
Qu'un grand mal de tête
Ne vous prenne à tous.
A tort je bavarde ;
Rien ne monte au né
Comme la moutarde
Après le dîné.

COUPLET

D'UNE JEUNE FEMME A SON AMANT,

EN LUI ADRESSANT UNE LETTRE.

DANS cette feuille de papier
Je vois ton image chérie ;
Comme elle, tu sais te plier
Aux caprices de ton amie.
Elle est aussi de mon amour
La dépositaire fidèle ;
Mais, hélas ! je crains bien qu'un jour
Tu ne sois aussi léger qu'elle.

LE FOIN.

Air du vaudeville du Mameluck.

Nous, qui pour payer nos dettes
Chantons ici tous les mois (1),
Allons, gais, friands poètes,
Que le foin nous mette en voix !
Mardi, près d'une bruyère,
Un fait dont je fus témoin
M'a prouvé qu'on pouvait faire
Quelque chose sur le foin.

Aussitôt, vaille que vaille,
J'ai griffonné ce couplet :
La misère est sur la paille,
Le luxe est sur le duvet,
La grandeur est sous un dôme,
Le talent est dans un coin,
Le repos est sous le chaume,
Le plaisir est sur le foin.

(1) La Société Epicurienne, séante au Rocher de
Cancale.

Puis, aux traits de la satire
Abandonnant mon esprit,
J'ai fait un malin sourire,
Et tout bas, je me suis dit :
Maint fat que j'ai sur mes notes
N'eût jamais été si loin,
S'il n'avait pas dans ses bottes
Mis quelques bottes de foin.

Foin du censeur trop austère,
Foin des fats, foin des pédans,
Foin des fous, foin de la guerre,
Foin des sots, foin des méchans,
Foin des riches qu'importune
L'aspect touchant du besoin...
Ils mangeraient leur fortune,
Si l'or se changeait en foin.

Le malheureux, par un songe
Dans un palais transporté,
Prend d'abord ce doux mensonge
Pour une réalité ;
Mais bientôt le pauvre diable
Voit, dès que le songe est loin,
Que Dieu mit dans son étable
Plus de paille que de foin.

Chercher l'esprit dans un drame,
Le bon sens dans un roman,
La raison chez une femme,
L'honneur chez un charlatan,
La froideur chez une fille,
Mille écus dans un besoin,
Ah! c'est chercher une aiguille
Dans une botte de foin.

LES BROUILLARDS.

AIR : Tenez, moi, je suis un bon homme.

Pour un gastronome intrépide
Quel triste sujet à chanter !
Mais comme il est assez humide,
Je commence par m'humecter :
Si le vin trouble un peu ma vue,
Amis, pardonnez mes écarts ;
On peut bien faire une bévue,
Lorsque l'on est dans les brouillards.

Le papier brouillard ne peut guère
Garder l'empreinte d'un écrit ;
Aussi chez Plutus, chez Cythère,
Ce papier a-t-il du débit :
Serment d'amour, vœu d'être sage,
Billets payables sans retard,
Jusqu'aux contrats du mariage,
Tout s'écrit sur papier brouillard.

Figeac à son futur beau-père
Disait: — Sandis! s'il faisait beau,
Sur l'autre bord dé la rivière,
Vous admirériez mon château ;
Mais un nuagé l'environne,
Et nous dérobé ses remparts....
Les biens placés sur la Garonne
Sont presqué tous dans les brouillards.

Brouillons tous les vins de la cave,
Brouillons Tonnerre et Malaga,
Brouillons Mâcon, Champagne et Grave,
Brouillons et Madère et Rota ;
Que de leurs vapeurs salutaires
Jaillissent des couplets gaillards ;
Mais entre nous, mes chers confrères,
Jamais, jamais d'autres brouillards.

VOEU D'UN IVROGNE.

AIR : Un chanoine de l'Auxerrois.

Si l'eau de la Seine un matin
Venait à se changer en vin,
  (Ce que je n'ose croire)
Puissé-je à l'instant voir aussi
Chacun de mes bras raccourci
  Se changer en nageoire,
Et, troquant ma forme et mon nom
Pour ceux de carpe ou de goujon,
  Hé! bon, bon, bon,
  Devenir poisson,
  Pour ne faire que boire !

COUPLETS

CHANTÉS PAR UN SEXAGÉNAIRE

A JACQUELINE B***,

LE 1er DU MOIS DE MAI, JOUR DE SA FÊTE.

AIR : Dans la paix et l'innocence.

Pour chanter de Jacqueline
Le nom, l'esprit et le cœur,
Vite une chanson badine,
Et qu'on la répète en chœur ;
Du doux feu qui me pénètre
Que chacun soit animé ;
Au plaisir on doit renaître,
Le premier du mois de mai.

C'est l'époque où la nature
Reprend ses riches couleurs,
Où nous voyons la verdure
S'émailler de mille fleurs :

Tour à tour notre patronne
Présente à notre œil charmé
Fleurs du printemps, fruits d'automne,
Le premier du mois de mai.

D'après un antique usage,
On voyait en ce beau jour
Un jeune arbre offrir l'image
Du bonheur et de l'amour :
Au lieu des vers que je chante,
J'aurais aussi mieux aimé
Te planter ce que l'on plante
Le premier du mois de mai

Que t'offrirai-je ? Une rose
Te peindrait mal mon amour ;
Quelques vers sont peu de chose
Pour fêter un si beau jour :
Jacqueline, il fut un âge
Où mon cœur, plus enflammé,
T'en aurait fait davantage
Le premier du mois de mai.

VERS

ADRESSÉS A M. GODDE, (1)

En lui envoyant une loge pour la première représentation du vaudeville intitulé *la Comédie chez l'Epi-*
cier, fait en société avec M. Gentil.

Ah ! qu'il doit être triomphant
L'ami, le protecteur des lettres,
Qui du dernier ne nos grands maîtres
A sauvé le dernier enfant !
Quel droit à la reconnaissance
Lui mérite un pareil bienfait !
Hélas ! sans lui c'en était fait ;
Cet ouvrage, plein d'élégance,
De sentiment et de candeur,
Anéanti dès sa naissance,
Expirait avec son auteur !

(1) C'est M. Godde qui, par le hasard le plus heureux, a arraché à l'oubli la comédie des Deux-Frères,
ouvrage posthume de Collin d'Harleville.

Heureux mortel qui de Thalie,
Dans la douleur ensevelie,
Consolant le trop juste deuil,
Avez de la nuit du cercueil
Rappelé Collin à la vie,
Que ce bienfait, digne d'envie,
A dû vous inspirer d'orgueil !
C'est lui seul qui de notre lyre
A dicté les faibles accords ;
A nos couplets venez sourire,
Venez soutenir nos efforts....
Heureux si cette bagatelle,
Qu'avec frayeur nous hasardons,
Vous fait goûter une parcelle
Des plaisirs que nous vous devons !

COUPLETS

A UNE JEUNE MARIEE.

AIR : J'étais bon chasseur autrefois.

Sophie, au gré de nos désirs
L'hymen va couronner ta tête ;
Nouveaux devoirs, nouveaux plaisirs,
Voilà ce que ce dieu t'apprête.
Pour toi tout change, et dès demain,
Par une douce expérience,
Tu diras : Du soir au matin,
Ah ! bon dieu ! quelle différence!

Aujourd'hui ton heureux époux,
Brûlant et d'amour et d'ivresse,
N'aspire qu'à l'instant si doux
Qui doit te prouver sa tendresse.
Ah ! puisses-tu, de ses sermens
Regrettant la vive éloquence,
Ne pas dire dans quelque temps :
Ah ! bon dieu ! quelle différence !

Unis par l'âge et par le cœur,
Que peut-il vous manquer encore?
L'âge fuit, c'est un grand malheur,
Mais le cœur reste à son aurore.
Vieux, on s'aime toujours autant,
Soit habitude, soit constance;
On se le prouve moins souvent,
Voilà toute la différence.

COUPLES

D'UNE JEUNE DAME

A son retour auprès de son mari, après un séjour de trois mois dans la capitale.

Air du vaudeville de Lasthénie.

ENFIN me voilà de retour ;
C'était le seul vœu de mon âme.
Combien il est heureux le jour
Qui rend un époux à sa femme !
Ah ! mon ami, je te réponds
Que loin de celui que j'adore,
Les jours me paraissaient bien longs,
Et les nuits plus longues encore.

Pendant trois mois que j'ai souffert !
Quoique dans le cours du voyage,
Mille jeunes gens m'aient offert
De me consoler du veuvage !
Séquestrée ainsi loin de toi !
Hélas ! quel pénible trimestre !
Quelques jours de plus, et, ma foi !
J'aurais pu lever le séquestre.

Mais n'en conçois pas de frayeur ;
Embrasse une épouse qui t'aime ;
T'en voilà quitte pour la peur,
Et plus d'un n'en dit pas de même.
Ah ! ne va jamais à Paris ;
Je ne veux pas te voir paraître
Dans une ville où les maris
Sont presque tous fâchés de l'être.

J'en ai pourtant vu dont jamais
Le temps n'avait éteint l'ivresse :
A chaque instant ils étaient prêts
A faire preuve de tendresse.
Tous les ans, leur fidèle ardeur
Double une famille chérie :
Mais mon cher époux, par malheur,
Nétait pas de la compagnie.

Puisqu'aujourd'hui tu m'es rendu,
Ami ! quel bonheur est le nôtre !
A réparer le temps perdu,
Il faut s'occuper l'un et l'autre.
Mais, monsieur, pendant ce temps-là,
Vous-même... Chut ! bientôt, j'espère,
Ce que vous ferez m'instruira
De ce que vous avez pu faire.

ÉPITRE

ADRESSÉE, LE 6 MAI 1816,

A Mlle ADÈLE CAILHAVA,

Qui invitait l'Auteur, malade alors, à un souper qu'elle
devait donner le 10, à l'occasion de l'anniversaire de
la naissance de son père.

PLAIGNEZ , plaignez, aimable Adèle ,
Un pauvre auteur, souffrant, perclus,
Qui , quoique disciple fidèle
De Bacchus , Comus et Momus,
Ne rit, ne boit, ne chante plus.
O métamorphose cruelle !...
Privé de l'usage d'un bras
Par je ne sais quelle foulure,
De mon mal qui ne finit pas
J'accuse tour à tour, hélas!
La médecine et la nature.
Si du moins je pouvais lundi ,
D'un cercle invité par les Grâces
Et par l'Amitié réuni ,
Clopin-clopant, suivre les traces ,

Et mêler ma tremblante voix
A ces chorus bruyans, grivois,
Enfans d'une folie aimable!
Vain espoir! mon docteur me dit
Qu'il faudra souffrir dans mon lit,
Tandis que vous rirez à table.
Mais par le danger que je cours
Je ne me laisse point abattre;
Du ciel j'implore le secours;
Puisqu'il fit le monde en sept jours,
Il peut bien me guérir en quatre :
S'il se refuse à mes désirs,
Irai-je troubler vos plaisirs
Par ma sombre mélancolie?
Et voulez-vous qu'un pauvre auteur,
A votre délire enchanteur
Substituant la tragédie,
Mal à propos se fasse un jeu
De transformer en Hôtel-Dieu
Le joyeux boudoir de Thalie?
Non, non, vraiment; le verre en main,
Chantez l'heureux anniversaire
D'un fidèle ami, d'un bon père,
Et du rival de Poquelin.....
Cailhava, ta gaîté légère
A trompé les ailes du Temps;

Le laurier, le myrte et le lierre
S'enlacent sur tes cheveux blancs,
Et nous chantons en toi le père
Et des amours et des talens :
Reçois les vœux d'un cœur qui t'aime ;
Crois à ses pénibles regrets.....
Avec qu'elle ivresse j'irais
Te porter mon bouquet moi-même !
Mais, non ; au lieu de vins exquis
J'avalerai des boissons fades :
Tu boiras à pleines rasades,
Et tu traiteras tes amis
Mieux qu'un médecin ses malades.
Mais, chers convives, lorsqu'enfin
Vous aurez, pendant le festin
Epuisé la liqueur vermeille,
Egouttez bien chaque bouteille,
Et si quelque doigt de vin vieux
S'en échappe encore à vos yeux,
Prenez pitié de ma souffrance,
Et que ces restes précieux
Soient bus à ma convalescence !

SOUVENIRS NOCTURNES

DE DEUX EPOUX

DU DIX-SEPTIÈME SIÈCLE.

IL avait plu toute la journée, et n'ayant pu aller le soir faire leur partie de loto chez madame CAQUET, sage-femme, rue des Martyrs, M. et Mme DENIS s'étaient couchés de bonne heure. Au bout de vingt-trois minutes, madame DENIS, qui ne dormait pas, impatientée du silence obstiné de son mari, qui n'avait pas cessé de lui tourner le dos, soupira trois fois, et prit la parole :

MADAME DENIS.

AIR : Premier mois de mes amours.

Quoi ! vous ne me dites rien ?
Mon ami, ce n'est pas bien ;
Jadis c'était différent ;
Souvenez-vous-en , souvenez-vous-en....
J'étais sourde à vos discours ,
Et vous me parliez toujours.

MONSIEUR DENIS, *se retournant.*

Mais, m'amour, j'ai sur le corps
Cinquante ans de plus qu'alors ;
Car c'était en mil sept cent ;
Souvenez-vous-en , souvenez-vous-en....
An premier de mes amours ,
Que ne duriez-vous toujours !

MADAME DENIS , *se ravisant.*

C'est de vous qu'en sept cent un
Une anguille de Melun
M'arriva si galamment !
Souvenez-vous-en , souvenez-vous en....
Avec des pruneaux de Tours
Que je crois manger toujours.

MONSIEUR DENIS.

En mil sept cent deux, mon cœur
Vous déclara son ardeur.
J'étais un petit volcan ;
Souvenez-vous-en, souvenez-vous-en...
Feu des premières amours,
Que ne brûlez-vous toujours !

MADAME DENIS.

On nous maria, je crois,
A Saint-Germain-l'Auxerrois.
J'étais mise en satin blanc;
Souvenez-vous-en, souvenez-vous-en...
Du plaisir charmans atours,
Je vous conserve toujours.

MONSIEUR DENIS, *se mettant sur son séant.*

Comme j'étais étoffé!

MADAME DENIS, *s'asseyant de même.*

Comme vous étiez coiffé!

MONSIEUR DENIS.

Habit jaune en bouracan;
Souvenez-vous-en, souvenez-vous-en...

MADAME DENIS.

Et culotte de velours
Que je regrette toujours.

(*Continuant.*)

Comme en dansant le menuet
Vous tendîtes le jarret!
Ah! vous alliez joliment;
Souvenez-vous-en, souvenez-vous-en...

Aujourd'hui nous sommes lourds.

MONSIEUR DENIS.

On ne danse pas toujours.

(*S'animant*)

Comme votre joli sein
S'agitait sous le satin !
Il était mieux qu'à présent ;
Souvenez-vous-en, souvenez-vous-en...
Belles formes, doux contours,
Que ne duriez-vous toujours !

MADAME DENIS.

La nuit, pour ne pas rougir,
Je fis semblant de dormir.
Vous me pinciez doucement ;
Souvenez-vous-en, souvenez-vous en...
Mais à présent, nuits et jours,
C'est moi qui pince toujours.

MONSIEUR DENIS, *lui offrant une prise de tabac.*

Demain, songez, s'il vous plaît,
A me donner mon bouquet.

MADAME DENIS, *tenant la prise de tabac sous le nez.*

Quoi ! c'est demain la Saint-Jean ?

Ici Monsieur Denis de une reminiscere

MONSIEUR DENIS, *rentrant dans son lit.*

Souvenez-vous-en, souvenez-vous-en...
   Epoque où j'ai des retours
   Qui me surprennent toujours.

MADAME DENIS, *se recouchant.*

  Oui, jolis retours, ma foi !
  Votre éloquence avec moi
  Eclate une fois par an ;
Souvenez-vous-en, souvenez-vous-en...
   Encor votre beau discours
   Ne finit-il pas toujours.

(Ici M. Denis a une réminiscence.)

MADAME DENIS, *minaudant.*

Que faites-vous donc, mon cœur ?

MONSIEUR DENIS.

Rien... je me pique d'honneur.

MADAME DENIS.

Quel baiser !... il est brûlant...

MONSIEUR DENIS, *toussant.*

Souvenez-vous-en, souvenez-vous-en...

MADAME DENIS, *rajustant sa cornette.*

Tendre objet de mes amours,
Pique-toi d'honneur toujours.

Ici le couple bâilla ,
S'étendit et sommeilla ,
L'un marmottait en ronflant :
— Souvenez-vous-en , souvenez-vous-en... —
L'autre : — Objet de mes amours ,
Pique-toi d'honneur toujours.

Ire SOIRÉE DE CADET BUTEUX,

PASSEUX D' LA RAPÉE,

AUX EXPERIENCES DU SIEUR OLIVIER.

AIR: Voulez-vous savoir l'histoire.

JE n' vois, en fait de pestacles,
    Foi d' Cadet Buteux,
Rien qui vaille les miracles
    D' nos escarmoteux;
J'en savons un passé maître,
    Qu' j'avons vu l'aut' soir;
Gn'y a qu'un moyen de l' connaître,
    Et c'est d'aller l'voir.

J' crois que c' luron-là s'appelle
    Monsieur Olivier,
Et c'est dans la ru' d' Guernelle (1)
    Qu' travaille l' sorcier;
I' sait vous r'tourner, vous prendre,
    Qu'on n'y connaît rien,
Et j' dis qu' s'il ne s' fait point pendre,
    C'est qu'il le veut bien.

(1) Ancien domicile de M. Olivier.

J' pensons un' carte, i' m' la nomme,
  C'était l' roi de carreau :
V'là qu' d'un' main il prend z'un' pomme,
  Et d' l'autre un couteau ;
Il la partage, il la montre,
  Et, voyez l' malin !
V'là mon roi qui s'y rencontre,
  En guise d' pépin.

C' qu'est plus fort, c'est qu'il prépare
  Un grand verre d' vin,
Et vous l'flanque, sans dir' gare,
  Au nez d' mon voisin :
L' diable d' vin s' mitamorphose
  En rose, en œillet;
V'là, m' dis-je, en restant tout chose,
  Un vin qu'a l' bouquet !

J' l'y prêtons, à sa prière,
  Mon castor à glands,
Parc' qu'il avait z'envi de faire...
  Un' om'lette d' dans;
Gn'y a point z'a dire, il l'a faite,
  Et ça sous not' né,
Et, jarni, moi d'voir c't' om'lette
  Ca m'a tout r'tourné.

I' me d'mande que j' li garde
 Six écus tournois,
J' les prenons; mais quand j'y r'garde,
 V'là qu'i' m'en manqu' trois;
On les trouv' dans une aut' poche :
 A Paris, quoiqu' ça,
N' faut point zun' lunett' d'approche
 Pour voir ces coups-là.

Il perce un mouchoir d' percale
 D' la grosseur d'un œuf;
Il souffle d'sus, il l'étale;
 Crac, le v'là tout neuf.
Pour nos fill's, ah! queu trouvaille
 Dans c' siècle d' vartus,
Si, pour boucher z'une entaille,
 N' fallait qu' souffler d'sus!

V'là qu' tout à coup la nuit tombe...
 Et, pour nous divartir,
J' vois comm' qui dirait d'un' tombe
 D's esquelett's sortir;
A leux airs secs et minables
 On s' disait comm' ça :
C'est i' d's artist's véritables
 Qui jou't ces rôl's-là?

Mais avant qu'un chacun sorte,
  (Et c'est là l' chiendent)
V'là l' fanfan qui nous apporte
  Deux torches d' rev'nant.
Morgué ! que l' bon Dieu t' bénisse,
  Suppôt d' Lucifer!
J' croyions que j'avions la jaunisse,
  Tant j'avions l' teint vert.

Bref, c't Olivier zest capable,
  Dans l' méquier qu'i' fait,
D'escamoter jusqu'au diable,
  Si l' diable l' tentait ;
Par ainsi, sans épigrammes,
  Crainte d'accident,
  Faut toujours, messieurs et dames,
    S' tâter en sortant.

— Pour si peu, s'voir si mal traité !...
— L'beau chien d'plaisir !
Et n'la v'là t'y pas bon plantée.
Pour reverdir !....

IIme SOIRÉE DE CADET BUTEUX.

LA VESTALE,

POT-POURRI EN TROIS ACTES.

AIR : V'là c' que c'est qu' d'aller au bois.

L'aut' matin je m' disais comm' çà :
Mais qu'est-c' qu' c'est donc qu'un opéra ?
V'là qu' dans un' rue, au coin d' la halle,
    J' lisons : *La Vestale,*
    Faut que j' m'en régale ;
C'est trois liv's douz' sous qu' ça m' coût'ra...
    Un' vestale vaut ben ça.

AIR : Tous les bourgeois de Châtres.

L'heur' du spectacle approche,
    J' me r'quinqu' plus vite qu' ça,
    Et, les sonnett's en poche,
    J' courons à l'Opéra ;
Mais voyant qu' pour entrer l'on s' bat dans
    l'antichambre,

*

J' me dis : Voyez queu chien d'honneur!
Quand pour c'te Vestale d' malheur,
J' me s'rai foulé zun membre.

Air du lendemain.

N' croyez pas, ma cocotte,
Qu' tout exprès pour vos beaux yeux
J'allions, à propos d' botte,
M' fair' casser zun' jambe ou deux ;
Je r'vien'rons, n' vous en déplaise...
N' sait-on pas qu'il est d's endroits
Où c' qu'on entre plus à l'aise
La s'conde fois ?

AIR : Tarare Pompon.

J'nons pas putôt ach'vé,
Qu'la parole étouffée
Par un' chienne d'bouffée
Je m' sentons soulevé ;
Le déluge m'entraîne,
Et me v'là zen deux temps,
Sans billet et sans peine,
Dedans.

AIR : A boire ! à boire ! à boire !

Silence ! Silence ! Silence !
V'là qu' la première acte commence ;

Chacun m' dit d' mettre chapeau bas :
Je l' mets par terre, il n' tomb'ra pas,

AIR : Il était une fille.

J'voyons un monastère
Où c' qu'une fill' d'honneur :
Etait r'ligieuse à contre-cœur
C'était monsieur son père
Qui, l' jour qu'il trépassa,
D' sa fille exigea ça...
Ha !...

AIR : Quoi ! ma voisine, es-tu fâchée ?

Quand aux règles du monastère
Un' fill' manquait,
On vous la j'tait tout' vive en terre
Comme un paquet.
Si la terre aujourd'hui d' nos belles
Couvrait l's abus,
J' crais ben qu'jaurions pus de d'moiselles
Dessous que d'ssus.

AIR : Dans les Gardes-Françaises.

V'là zenfin un bel homme,
Qu'alle avait pour amant,

Qui r'vient vainqueur à Rome
Avec son régiment ;
Il apprend que l' cher père
A cloîtré son objet...
Il pleure, il s' désespère ;
Mais c'est comm' s'il chantait.

AIR : Traitant l'Amour sans pitié.

Dans c' pays-là, par bonheur,
La loi voulait qu'on choisisse
La Vestal' la plus novice
Pour couronner le vainqueur.
—Tu r'viens comme mars en carême,
(Lui dit tout bas cell' qu'il aime),
Pour recevoir le diadême
Du cœur dont t'as triomphé.—
Il veut répondre, il s'arrète ;
Il la r'garde d'un air bête ;
Et le v'là qui perd la tête
Au moment d'être coiffé (*bis*).

AIR : Bonsoir la compagnie.

Enfin,
Un serr'ment de main
Lui dit : — Prends garde ;
On nous regarde. —

Le v'là qui se remet ;
  V'là qu'elle' lui met
  Un beau plumet.
— A c'te nuit, j' te l' promets.
— A c'te nuit, j' te l' permets.
— Pisqu' la çarimonie,
Dit l'abesse, est finie,
Rentrez dans vot' dortoir ;
  Jusqu'au revoir,
    Bon soir.

AIR : A boire ! à boire ! à boire !

Silence ! silence ! silence !
V'là qu'la seconde acte commence,
Et j' vois l'enceinte du saint lieu
Avec un réchaud zau milieu.

AIR : J'arrive à pied de Provence.

On ordonne à la r'ligieuse
  D'entret'nir le feu ;
S'il s'éteint, la malheureuse
  N'aura pas beau jeu.
A son devoir ell' s'apprête,
  N'osant dir' tout haut

Qu'ell' a bien d'aut's feux en tête
Que l' feu du réchaud.

AIR : Des fraises.

La v'là seule, et dans son cœur,
Où qu' la passion s'concentre,
Elle appelle son vainqueur ;
Mais que d'viendra son honneur,
S'il entre, s'il entre, s'il entre ?

AIR · Du haut en bas.

— Il entrera,
S' dit-elle au bout d'un bon quart d'heure ;
Il entrera,
Et puis après il sortira.
Gn'y a bien assez long-temps que j' pleure. —
Du moins j' dirai ,
S'il faut que j' meure :
Il est entré. —

AIR : Une fille est un oiseau,

Sitôt pris, sitôt pendu ;
Elle court ouvrir la porte :
L'amant que l' plaisir transporte,
Accourt, d'amour éperdu.
— Faut qu' ce soir je t'appartienne ;

143

J'ai ta parole, t'as la mienne,
Pus d' feu, pus d' réchaud qui tienne.
— Ciel! m'arracher de ce lieu saint! —
Bref, mêm' rage les consume;
Et tandis qu' leur feu s'allume,
V'là-t-i' pas qu' l'autre s'éteint! (*bis*)

AIR : Au coin du feu.

— O ciel, je suis perdue!
Dit la Vestale émue;
Gn'y a pas d' bon dieu. —
Et v'là qu' la pauvre amante
Tomb' glacée et tremblante
Au coin du feu (*trois fois*).

Air des Trembleurs.

Les cris d' la belle évanouie
Donnent l'alerte à l'abbaye,
Qui s' réveill' tout ébahie :
Et l'amant, qui s' sent morveux,
Voyant qu'on crie à la garde,
S'esbigne en disant : — Si j' tarde,
Si j' m'amuse à la moutarde,
Nous la gobons tous les les deux.

AIR : Dépêchons, dépêchons, dépêchons-nous.

— Ah! mamesell', qu'avez-vous fait là!
Dit d'un' voix de tonnerre

L' révérend du monastère ;

Ah ! mamsell', qu'avez-vous fait là !

Vot' feu s'est éteint, mais il vous en cuira.

D'shabillez, d'shabillez, d'shabillez-là ;

Son affaire

Est claire :

Qu'à l'intant même on l'enterre,

Et qu' ça, mor..., et qu' ça, mor..., et qu' ça,
morbleu !

L'i apprenne une aut' fois à bien souffler son
feu ! —

Air des Pendus.

Là-d'sus on lui couv' l'estomac

D'un ling' tout noir qu'a l'air d'un sac ;

L'orchest' li pince à sa manière

Un' march' à porter l' diable en terre ;

Et la patiente, d' son côté,

S' dit tout bas : J' m'en avais douté.

AIR : A boire ! à boire ! à boire !

Silence ! silence ! silence !

Vl'à qu' la troisième acte commence.

J'vois six tombeaux, sept, huit, neuf, dix ;

Qu' c'est gai comme un *De profundis.*

AIR : Au clair de la lune.

Au clair de la lune

L'amant, tout en l'air,

145

Sur son infortune
Vient chanter zun air,
Où c' qu'il dit : — Qu'all' meure,
Et j'varrons beau train !
S'il fait nuit à c't' heure,
Il f'ra jour demain. —

Air des Fleurettes.

Mais drès que d'la Vestale
Il entend v'nir l' convoi,
Crac, le v'là qui détale...
On n' sait pas trop pourquoi.
Devant la fosse il s'arrête :
On croit que l'pauvr' officier
D'chagrin va s'y j'ter l' premier ;
   Mais pas si bête !

AIR : Le port Mahon est pris.

Du plus haut d' l' montagne
   L'enfant
   Descend,
Tout l'mond' l'accompagne,
Et tout bas chaq' compagne
S' dit, en allongeant l' cou :
V'là son trou, v'là son trou, v'là son trou.

13

Pendant l'*Miserere*

Qu'entonne m'sieu l'curé,

Blême et plus morte qu' vive,

Au bord du trou la Vestale arrive :

Tout l' monde d'mand' qu'all' vive ;

L'curé répond : Nenni,

N, i, ni, c'est fini.

AIR : Bonjour, mon ami Vincent.

— Ctapendant, qu'il dit, j' veux bien

Faire encor queuqu' chose pour elle ;

Sur c' réchaud où gn'y a plus rien

Mettez l' fichu d' la d'moiselle ;

Si l' ling' brûle, on n' l'enter'ra pas ;

S'il n' brûle pas, elle n' l'échapp'ra pas.

Vous l' voyez, aucune étincelle

N'vient contremander son trépas :

Or plus d' débats ;

Du haut en bas,

Gn'y a point zà dir', faut qu'ell' saute l'pas

AIR : Nous nous marierons dimanche.

— Doucement,

Dit l'amant

Qui guettait l' moment ;

Faut qu'enfin l' chap'let s' débrouille ;

C'est moi qu'a tout fait ;
Grac' pour mon objet,
Sinon j'ai là ma patrouille.
Par son trépas
D'un crim' vot' bras
Se souille ;
Si ça n'est pas,
J'veux qu' mon damas
Se rouille.
— Mon dieu, comme il ment !
Dit la pauvre enfant ;
Ni vu, ni connu, j' t'embrouille. —

AIR: Rlantanplan tirelire.

— Vite, à moi, mon régiment !
En plein, plan,
Rlantanplan,
V'là zun enterr'ment
Qu'à l'instant
Et d' but en blanc
Il faut mettre en déroute ;
Battons-nous, coût' qui coûte,
Quoique j' n'y voyons goutte. —
Mais l' régiment
Du couvent,
En plein, plan,

Rlantanplan.
Qu'est pour l'enterr'ment,
Répond qu'il vers'ra son sang
Jusqu'à la dernièr' goutte.
Pendant quequ' temps on doute
Qu'est-c' qu'emport'ra la r'doute.
Au bout d'un combat sanglant,
En plein, plan,
Rlantanplan,
Au lieu d' l'enterr'ment,
C'est l' régiment
De l'amant
Qui s' trouve être en déroute.

AIR : Il a voulu, il n'a pas pu.

Gn'y a pas d'milieu,
Faut s' dire adieu ;
C'est-i ça qui vous l'coupe ?
Rien que d' les voir,
V'là mon mouchoir
Qu'est trempé comme un' soupe.

AIR : N'est-il, amour, sous ton empire.

L' pauvre agneau descend dans la tombe,
Qu' c'est pain béni !
Sur sa tête, l'couvercle r'tombe ;
V'là qu'est fini.

Pour si peu s'voir si maltraitée !
L' beau chien d'plaisir !
Et n' la v'à-t-il pas ben plantée
Pour raverdir ?

AIR : Ciel ! l'univers va-t-il donc se dissoudre?

Mais, patatras, v'là zun éclair qui brille,
Et l' Tout-Puissant, qui j'dis n'est pas manchot,
Pour sauver la pauvre fille,
Vous lâche un pétard qui grille
L'diable d' chiffon qui pendait sur l' réchaud.
Vive l'Père Eternel,
Qui d' son tonnerre
Arrang' l'affaire !
J' n'y comptions guère;
C'est zun coup du ciel.

AIR : Ah ! mon dieu ! que je l'échappe belle.

Ah ! mon dieu, que je l'échappe belle !
Dit en haussant l'cou
Au-d'sus du trou
La demoiselle,
Au bon Dieu, je devons un' fier' chandelle !
Car je n' pouvons pas
M' dissimuler que j'étions ben bas.

★

AIR : O Filii et Filiæ.

Tant y a que l'couple s'épousa,
Et qu' chaqu' Vestal' dit, voyant ça :
—Quand est-c'qu'autant m'en arriv'ra ?
Alleluia.

IIIᵉ SOIRÉE DE CADET BUTEUX

AU SPECTACLE DES CHIENS SAVANS.

AIR : Ton humeur est, Catherine.

HIER, j'ons vu c' te nouvell' salle,
Là zoù c' que, vantez-vous-en,
Olivier zet la Vestale
N' sont, morgué, que d'la Saint-Jean.
Pour voir d's homm' ou d's automates,
Je n'aurions, jarni, point payé;
Mais c'est d's artis's à quat' pates,
Et qui n' se mouch't pas du pié.

Qui sort de c'te toile fendue?
Une walseuse; ah, qu'elle est bien!
Mais si j' n'ons pas la berlue,
J' crais qu'elle a zun museau d' chien.
Dieu m' pardonne à sa tournure,
Je n' l'aurions point deviné....
Si l'enfant n' sent pas la m'sure,
C' n'est pas faut' d'avoir du né.

Dans un' forêt d' chaises d' paille
Un autr' chien voudrait percer;
Comme il court, jappe et s' travaille,
A c'te fin d' la traverser!
Bref, il fait tant qu'il pénètre
D' part en part c'te muraill'-là,
Et m'est avis qu'il faut zètre
Un artis' à poil pour ça.

V'là zun soldat qui déserte;
Six chiens lui fris't les mollets...
On l' saisit; il s' déconcerte;
Zeste, on li fait son procès;
Et l' déserteur qu'on canarde,
Tomb' raid' mort d' la première main,
Comm' s'il avait, par mégarde,
Mangé zun' boulette en ch'min.

L'un s'met deux pieds en écharpe,
Et court plus vite que l' vent....
Ravel (1), avec ses sauts d' carpe,
En aurait-il fait zautant?
Un aut' vient danser l'all'mande,
Et d' tous les canich's qu'on voit,
Pas un qui, lorsqu'on l' demande,
N' sach' son rôle sur l' bout du doigt.

(1) Fameux danseur de corde.

Et c't aut' mâtin qui s' cramponne
Sous un globe d' feu qui part....
C'est Garnerin zen personne :
Ferme au post' comme un César,
Il n' lâch'ra pas qu'on n' l'assomme,
Et dans l'occasion j' maintiens
Que c' fanfan-là n'est point zhomme
A laisser sa part aux chiens.

Mais c'est dans l'assaut d' la place
Qu'il faut les voir travailler ;
Pour leur donner tant d'audace,
Comme on a dû l's étriller !
C'est pis qu' des lions, pis qu' des diables,
Quand ils sont en train zun' fois...
Parlez-moi d' soldats semblables
Pour mettre un' place aux abois !

A Paris c'est zun miracle
Quand un théâtre va bien ;
Chaq' directeur de spectacle
Dit que c'est zun métier de chien.
Mais, sans exposer sa rente,
J' crais ben qu'on peut zengager
Une troupe qui s' contente
D'avoir un os à ronger.

Gn'y a pourtant zun point qui, j'pense,
N'aurait pas dû s'oublier....
Quand une entrepris' commence,
Il est bon d' la publier;
Et, pour piquer la pratique,
Je n' sais comment l' directeur
A la porte d' sa boutique
N'a pas mis un aboyeur.

IVᵉ SOIRÉE DE CADET BUTEUX

A LA TRAGÉDIE D'ATAXERCE.

. Air des Folies d'Espagne.

Ecoutez-moi, vous tous qui d'Altaxerce
N' connaissez point la tragédie en vers ;
C'est, voyez-vous, un ouvrage qui perce........
L'âme d' tous ceux qui n' l'ont point à l'envers.

AIR : Aussitôt que la lumière.

Dans c'te pièce gn'y a zun père
Qui d'abord, d'un air en d'sous,
Vient nous dire qu'à la guerre
Son garçon fait les cent coups,
Et qu'un jour dans un' mêlée,
Sans lui du vieux roi Xercès ,
Les enn'mis auraient d'emblée
Envoyé l' fils *ad patres.*

AIR : J'ons un curé patriote.

Faut, dit-il, qu'enfin j' m'hasarde
A faire un coup digne de moi ;

V'là zassez lon g-temps qu' la garde
S'monte à la porte du roi ;
Sitôt qu' mon fils arriv'ra,
C'est pour lui qu'on la mont'ra,
Et Xercès (*ter*) la descendra (*ter*).

AIR : Oui, je suis soldat, moi.

Oui, qu'il règne aujourd'hui,
Maugré qu'on en glose ;
Quand on s'est battu comm' lui,
C'est ben la moindre chose. —
Sur c' mot-là son fils paraît ;
V'là qu'Artaban l'embrasse,
Et qu' tout plein d' son beau projet,
Il lui dit : — Cher Alsace,
J'entendons qu' tu sois roi,
Maugré qu'on en glose ;
Quand on s'est battu comm' toi,
C'est ben la moindre chose.

AIR : Bon ! bon ! mariez-vous.

—Ah ! papa, pourriez-vous bien...
—Mais, paix donc ! faut du mystère.
—Mais, papa, c'est zun coup d' chien.
—Paix ! qui n' risque rien n'a rien.
Nous, nous, nous, nous sommes six ,

Qui nous chargeons d' tuer l' père ;
Tu, tu, tu, tûras l' fils,
Et J'aurons l' trône *gratis*...
—Ah ! papa, pourriez-vous bien...
—Mais, paix donc ! faut du mystère.
—Mais, papa, c'est zun coup d' chien.
—Paix ! qui n' risque rien n'a rien.

AIR : J'arrive à pied de province.

V'là qu' pour faire ton commerce,
  T'arrives tout chaud.
C'est qu'à la tête d' la Perse,
  N' faut point zun manchot !
L' maintien de c' peuple indocile
  D'mande un autre bras ;
Xercès est un imbécille ;
  Tu lui succéd'ras.

Air du vaudeville d'Arlequin Cruello.

—Hé quoi ! lorsque je m' suis battu
  Contre vent et marée,
Vous voudriez voir ma vertu
  Ainsi deshonorée !
Après avoir vengé mon roi,
  Puni les en'nmis' d sa loi,
  J'aurais l'ame assez fausse

Pour aller comm' ça d' but en blanc,
D' sa majesté percer le flanc !
Papa (*bis*), ça s'rait gâter la sauce.

AIR : Sur l' port, avec Manon, un jour.

—Quand j' te dis'qu' t'es fait pour régner.
Ainsi gn'y a point à barguigner ;
Songe qu'il y va de ta gloire...
—Tuer l' pèr' par-ci, tuer l' fils par-là,
Je n' vois, papa,
Pas d' gloire à ça...
L' premier vaurien
Qui m'a dit qu' je f'rais bien,
J' li ai cassé la gueule et la mâchoire.—

AIR : Courons d' la brune à la blonde.

Là-dessus le papa, qui s'damne,
Connaissant l' faible d' l'enfant,
Quand il d'mande à voir Mandane,
Lui dit que le roi l' défend.
—Jarni ! c'est ainsi qu'il m' traite,
Dit l' jeune homme tout en feu,
Et je serions assez bête...
Non, morbleu !
Non, corbleu !
Berdi berda,

Patati, patata ;
>> Le papa,
>> Croyant qu' ça
>> L'irrit'ra ,
>> L' décid'ra ,
>> Le plant' là,
>> Et s'en va...
Mais l' jeune homme est honnête.

AIR : La bonne aventure.

Las d' s'avoir tant fatigué
>> Sans toucher son ame,
D' l'avoir ainsi harangué
>> Pour l' succès de sa trame ,
L' papa r'vient l'air intrigué ,
L'œil hagard et l' visage gai ,
>> Comme un mélodrame,
>>>> O gué,
>> Comme un mélodrame.

AIR : Lise épouse l' beau Gernance.

—Ah, te v'là, qu'il dit : silence ,
Va-t-en... reste... la couronne...
La vengeance... c'est fini...
La nature... c'est pour toi...
On vient... c'est égal... Que dire ?
—Mais, répond l' fils étonné,

Tont c' que vous dit's là, mon père,
N'a ni rime, ni raison. —

AIR : Réveillez-vous, belle endormie.

Bref, par sa main il nous dit comme
Le roi vient d'être poignardé...
Il fallait que le pauv' cher homme
Fût ce jour-là bien mal gardé.

AIR : Du haut en bas.

— Le roi z'est mort,
Répond le jeune héros qui bisque,
    Le roi z'est mort ;
Ah ! papa, c'est zun peu trop fort ;
N' savez vous pas l' danger que j' risque...
Vous n' fûtes jamais mon père, pisque
    Le roi z'est mort.

AIR : Pierrot, sur le bord d'un ruisseau.

—Queu trait d' sournois ! queu rage d'enfer
    C' coup diabolique
    D'viendra du tragique....
Si dans vos mains on trouve c' fer,
Vous s'rez pendu, rien n'est plus clair.
    Daignez permettre
    Que j'aille l' mettre

Dans certain coin
Où je n' crains pas d' témoin... —
Et crac l' v'là qui s'enfuit l'arme au poing...
Ha ! ha ! comme on n' le verra point !

AIR : Y a d' l'ognon.

Il s'esbigne en cachette ;
Mais au bas d' la maison
Un' patrouille, en vedette,
Surprend l' pauvre garçon...
Y a de l'ognon (*bis*), d' l'ognon,
        D' l'ognette...
        Y a d' l'ognon.
C'est lui, dit-on, sur l'heure,
C'et lui qu'a tué l' patron...
Il faut, il faut qu'il meure,
Ce n' s'ra pas sans raison...
Y a d' l'ognon (*bis*), d' l'ognon ,
        Il pleure....
        Y a d' l'ognon.

AIR : A la façon de Barbari.

V'là qu'on amène l'criminel
        Par-devant zAltaxerce...
Mais voyez l' respect paternel !
        Pas d' danger qu' rien n' transperce.

*

—J' vois trop qu'il n'est pas innocent,
 Dit l' juge en l' chassant;
 Qui n' dit mot consent.
Et toi, ma sœur, toi dont pour lui,
  Aujourd'hui
L'amour s'était encore accru,
  L'euss'-tu cru?

AIR : J'ai perdu mon âne.

—Hé quoi, dit Mandane,
 Vot' bouche l' condamne !
Mais j' vous dis devant témoins
Que c' n'est là ni plus ni moins
 Qu'un jugement d'âne. —

Air de Marcelin.

—Ne t'a-t-il pas sauvé le jour?
Sans lui l' destin tranchait ta vie;
Sans lui j' te perdais sans retour ;
La lumière t'était ravie ;
L'air qu' tu respires, tu li dois :
Si j'te r'vois, c'est lui qu'en est cause. —
Enfin la pauv' sœur, aux abois,
Disait toujours la même chose.

AIR : A la papa.

—Qu' tes discours sont éloquens !...
Dit à la sœur ce bon frère :

S' rait-il revenu des camps
Pour des crim's si conséquens?
    C'est des cancans.
    Artaban qu'est là
    Décidera l'affaire,
    Et puisque le v'là,
    Il va nous juger çà
    A la papa,
    A, à, à la papa (*bis*).

AIR : Je vous comprendrai toujours bien.

N' sachant trop sur queu pied danser,
V'là zArtaban qui perd la tête :
Il d'mand' la permission d' walser...
V'là zAltaxerce qui l'arrête.
Accusé du crime infernal,
Albac' paraît, tout l'monde tremble,
Et pour remplir le tribunal,
V'là l'papa tout seul (*ter*) qui s'assemble.

AIR : Quoi ! vous ne me dites rien.

A l'av'nir, dit-il, mon fils,
Suivrez-vous mieux mes avis ?
Qu' vous conseillait Artaban ?
Souvenez-vous-en, souvenez-vous-en...

Vous avez fait des façons,
Et nous v'là jolis garçons !

AIR : Cadet Roussel est bon enfant.

—Allons, dit l' prince, il faut parler
—Allons, dit l' père, il faut parler.—
—Songe, dit l'un à n'pas r'culer.—
—Parle, dit l'autre, sans t' troubler ;
Si t'es innocent, j' te pardonne,
Sinon, c'est ton trépas qu' jordonne.—
   Mais, mais, fort heureusement.
L' fils de Xerxès est bon enfant.

AIR : O Richard ! ô mon roi !

—O mon ch' père, ô mon roi !
Qu' voulez-vous que j' vous dise :
C' n'est pas moi, non, non, c' n'est pas moi
Qu' ai fait une pareille sottise.—
   Là-d'sus l' père interdit
   Le r'gard' d'un œil qui dit :
—N' vas pas faire encore un' bêtise.
   O mon ch' père, ô mon roi !

AIR : C'est un enfant,

—Veux-tu parler ? réplique l' prince.
—Non, répond-il, je ne sors pas d' là.

—Nomme l'coupable, qu'on le pince.
—S'il en faut zun, hé ben, me v'là;
  Que l'on m' mène au supplice
  Ou qu'on m'ensev'lisse
Dans un cachot, *in sæcula...*
  Je n' sors pas d' là (*bis*).

AIR : Si Dorilas.

—J'opinons pour qu' l'accusé meure,
Dit l' père en roulant de gros yeux.
—En c' cas-là, qu' ça soit tout à l'heure,
Dit l' fils en l'vant les bras aux cieux.
—Jarni ! l'étonnant caractère !
Dit l' prince en sortant à grands pas...
V'là zun fils comme on n'en voit guère,
Un papa comme on n'en voit pas.

AIR : J' commençons à m'apercevoir.

Mais dans l' tarrible désespoir
  Où l' met la mort d' son père,
  Savez-vous c' qu'il va faire?
Vite, sur l' trône il va s'assoir :
  V'là c' qui s'appelle
  Un fils fidèle !
  V'là c' qui s'appelle
  Un fils, fi, fi, fidèle ;
Au lieu d' perdre l' temps en regrets

Sur un malheur encor tout frais,
Voyez (*bis*) comme un quart d'heure après,
C' bon fils est pressé d' faire
Comme faisait son père.

Air du ballet des Pierrots.

Mais Artaban, qui sait qu' la mode,
Quand on s' fait roi, c'est d' boire un coup. .
S'avis' dun expédient commode
Pour s' tirer d'affair' tout-à-coup ;
Certain du succès d' l'entreprise,
Il s' dit tout bas : — Ah, queu bonheur !
Avant qu' mon fils boiv' ma sottise,
L' cher prince aval'ra la douleur.—

AIR : Nous nous marierons dimanche.

Il va pour sortir ;
Crac, il voit s'ouvrir
Deux superbes rideaux d' Perse :
Moi j' pense d'abord
Qu' c'est le lit du mort...
C'est l'couronnement d'Altaxerce.
Quel appareil !
Gn'y a zun soleil
En face,
Un p'tit buffet

Sur lequel est
Un' tasse,
Et vingt-cinq soldats,
La hall'barde au bras,
Qui r'présentent l' peuple en masse.

AIR : Tous les bourgeois de Châtres.

L' prince allait boir' la tasse,
Quand un garde du corps
Vient lui dire qu'Albace
Fait le diable au dehors ;
Qu'il a de sa prison fui zà la dérobée ;
Qu'il porte partout l' fer et l' feu ;
Et'qu' si le roi n' se montre un peu.
Sa couronne est flambée.

AIR : Mon père était pot.

—Ah ! dit Mandane en accourant,
Qu'Albace est un fier homme !
Criant, courant de rang en rang,
Mill' zyeux ! il faut voir comme,
Pour l'amour de toi,
D' sa belle et d' son roi,
Il renverse et vous perce
Jusqu'en ce palais,

Mon frère, tous les...
Tous les enn'mis d' la Perse.

AIR : Le saint, craignant de pécher.

Eh ! t' nez, messieurs, vous l'voyez...—
  Sur c' mot vl'à qu'Albace
Se présente, et tombe aux pieds
  D' son roi qui l'embrasse.
—Mais, dit c' bon prince au vainqueur,
J'ai toujours papa sur l'cœur...
    Vers le ré, ré, ré,
    Vers le gi, gi, gi,
      Vers le ré,
      Vers le gi,
    Vers le régicide...
  J' veux qu' ton bras me guide.

AIR : Je n' saurais danser.

  —Je n' saurais l' nommer,
Non, répond-il, non, morguienne !
  Je n' saurais l' nommer ;
Quand on devrait m'assommer ;
  Mais si vous pensez
Qu' la mort du roi d'mand' la sienne,
  Je l'aimons assez
Pour payer les pots cassés.—

AIR: Avale! avale, avale.

Hé bien, dit l' roi,
J' men rapporte à ta foi;
  Mais c' peup' qu'est là
Veut une autre preuve qu' ça.
  Tu sais comment
J' prêtons ici serment?
  Bois de c' flacon
Pour dissiper l' soupçon;
C'est zAltaxerce qui t' régale;
Avale, avale, avale, avale, avale, avale...—
  L'aut', qui n'en peut plus,
Dit qu' ça n'est pas de r'fus.

Air du vaudeville du Sorcier.

L' jeune homme, auparavant que d' boire,
Jure au public qui l' contemplait,
Qu'il n'a pas fait d' brèche à sa gloire;
Qu' ses mains sont blanches comm' du lait.
A c' mot il va pour boir' la tasse:
L' papa sur lui tomb' tout-à-coup,
    Et s' résout
    A boir' tout
    D'un seul coup...
—Ah! dit tout l' monde, queu grimace!

J' vois d' quoi zi' r'tourne ; il a l' frisson...
C'est d' la poison, c'est d'la poison. (*bis*)

Air du Pas redoublé.

—Gageons, dit Mandane en pleurant,
  Qu' c'est lui qu' a tué not père.
—Et n'me r'merciez pas, dit l'mourant,
  Si j' nai pas tué vot' frère :
Cont' son sort on a beau r'gimber,
  Jamais on n' s' y dérobe ;
J' voulais la lui faire gober...
  Et c'est moi qui la gobe.

AIR : Cœurs sensibles, cœurs fidèles.

Altaxerce... je succombe...
Au v'nin... qu' jallais te r'passer...
Me v'là... zun pied... dans la tombe ;
L'autre... y va bientôt... passer...
Bonsoir donc.—La toile tombe
Sitôt qu'il a trépassé...
Requiescat in pace.

MES CHATEAUX EN ESPAGNE.

Air des Triolets.

Je voudrais, pour mon entretien,
N'avoir que mille écus de rente;
Deux amis, y compris son chien,
M'aideraient à manger mon bien,
Que confondrait avec le mien
Une douce et jeune parente...
Dieux, pour qu'il ne me manque rien,
Donnez-moi mille écus de rente!

J'aimerais pourtant beaucoup mieux
Avoir deux mille écus de rente.
Dans un boudoir délicieux,
Jusqu'à trente ans quel train joyeux!
Petite cave de vin vieux
Me rajeunirait à soixante...
Oui, je le sens, pour être heureux
Il faut deux mille écus de rente.

Mais on dit que le jeune Armand
A dix mille livres de rente;
Dans un cabriolet charmant,
Il se promène mollement;
Chantant, dansant, buvant, aimant,
Il charme ainsi sa vie errante...
Bornons-nous donc, décidément,
A dix mille livres de rente.

C'est pourtant un bien bel avoir
Que vingt mille livres de rente,
Ce lot comblerait mon espoir :
J'aime beaucoup à recevoir,
Et tout Paris viendrait me voir :
D'ailleurs, mon voisin en a trente...
Or, le moins que je puisse avoir,
C'est vingt mille livres de rente.

Mais pourquoi Mondor, sans parens,
A-t-il vingt mille écus de rente?
Je me marîrai ce printemps;
Dans dix ans j'aurai treize enfans,
Car ma femme n'a que seize ans,
Et ma femme est, ma foi, charmante.
A mon tour, enfin, je prétends
Avoir vingt mille écus de rente.

Mais rien n'est tel, pour vous lancer,
Que cent mille livres de rente.
Comme cela vous fait percer !
Vous êtes certain de passer
Pour mieux écrire et mieux penser
Que tous les savans qu'on nous vante...
Je ne puis donc pas me passer
De cent mille livres de rente.

A présent me voilà jaloux
D'avoir cent mille écus de rente :
Si je les avais, entre nous,
Ce serait pour vous loger tous,
Et tenir au milieu de vous
Table splendide et permanente...
Jugez donc s'il me serait doux
D'avoir cent mille écus de rente.

AUX CONVIVES DU CAVEAU

Mais pour moi (puis-je l'oublier !)
Il est une plus douce rente ;
Voici le jour de mon quartier ;
Le plaisir va me le payer ;
Je vis depuis un mois entier
Dans cette espérance enivrante :
Votre Apollon est mon banquier,
Et je touche aujourd'hui ma rente.

LES CHIENS MUSELÉS.

VAUDEVILLE MORAL.

AIR : J'ons un curé patriote.

Oh ! quel attirail fantasque !
Sommes-nous dans les jours gras ?
Quoi ! tous les chiens ont un masque !
—C'est pour qu'ils ne mordent pas.
—Si l'on eût su tout prévoir,
Ah ! combien on pourrait voir
   De chrétiens (*bis*)
  Muselés comme des chiens !
Oui, muselés comme des chiens !

     } *Bis*
     en
    } *chœur.*

Voyez-vous ce bon apôtre
A l'œil tendre, au ton mielleux,
Flattant l'un, caressant l'autre,
Et les déchirant tous deux !
Sa dent ne ménage rien.

Amis, muselez-le bien ;
C'est un chien (*bis*)
Sous la forme d'un chrétien :
Oui, c'est un chien; oui, c'est un chien.

Et ce triste parasite,
Faux ami, franc animal ;
Qui vous dédaigne et vous quitte
Dès que vous le traitez mal !
Pour qu'il ne mange plus rien,
Amis, muselez-le bien ;
C'est un chien (*bis*)
Sous la forme d'un chrétien ;
Oui, c'est un chien ; oui, c'est un chien.

Et ce fat dont l'âme impure,
Reniant son Créateur,
Sans frémir, de la nature
Ose blasphémer l'auteur !
Arrêtez-moi ce païen :
Amis, muselez-le bien ;
C'est un chien (*bis*)
Sous la forme d'un chrétien ;
Oui, c'est un chien ; oui, c'est un chien.

Et ce poëte à la rame,
Fier d'un succès acheté,

Qui consacre au mélodrame
Sa féconde nullité !
Pour qu'il ne déclame rien,
Amis, muselez-le bien ;
    C'est un chien (*bis*)
   Sous la forme d'un chrétien ;
Oui, c'est un chien ; oui, c'est un chien.

Et cet avocat sans âme,
Acheté, vendu vingt fois,
Pour un criminel infâme
Invoquant l'appui des lois !
Pour qu'il n'invoque plus rien,
Amis, muselez-le bien ;
    C'est un chien (*bis*)
   Sous la forme d'un chrétien ;
Oui, c'est un chien ; oui, c'est un chien.

Et ce bavard d'empirique,
Empoisonneur patenté,
Des drogues de sa boutique
Infectant notre santé !
N'en déplaise à Galien,
Amis, muselez-le bien ;
    C'est un chien (*bis*)

Sous la forme d'un chrétien ;
Oui, c'est un chien ; oui, c'est un chien.

Et ce Zoïle qui tue
Jusqu'au germe des talens,
Qui chaque jour prostitue
Et sa plume et son encens !
Pour qu'il ne morde plus rien,
Amis, muselez-le bien ;
    C'est un chien (*bis*)
Sous la forme d'un chrétien ;
Oui, c'est un chien; oui, c'est un chien.

Et ce fléau de la scène,
Dont l'intrépide sifflet
A Thalie, à Melpomène,
Tous les soirs donne un soufflet !
Pour qu'il ne siffle plus rien,
Amis, muselez-le bien ;
    C'est un chien (*bis*)
Sous la forme d'un chrétien ;
Oui, c'est un chien; oui, c'est un chien.

Et cet ami charitable,
Qui d'un époux malheureux

Va, par un rapport coupable,
Sottement ouvrir les yeux !
Pour qu'il ne rapporte rien,
Amis, muselez-le bien ;
    C'est un chien (*bis*)
  Sous la forme d'un chrétien ;
Oui, c'est un chien ; oui, c'est un chien.

Et cet acteur emphatique
Dont le pas fait tout trembler,
Qui, burlesquement tragique,
Aboie au lieu de parler ;
Oh ! le plaisant tragédien !
Amis, muselez-le bien ;
    C'est un chien (*bis*)
  Sous la forme d'un chrétien ;
Oui, c'est un chien ; oui, c'est un chien.

Et ce sot que rien n'enflamme,
Et que n'ont jamais tenté
Ni les grâces d'une femme,
Ni la croûte d'un pâté !
Nous n'en ferons jamais rien ;
Amis, muselez-le bien ;
    C'est un chien (*bis*)
  Sous la forme d'un chrétien.
Oui, c'est un chien ; oui, c'est un chien.

Et ce traiteur sec et maigre,
 Qui, réformant chaque plat,
Pour vin donne du vinaigre,
Et pour lièvre sert du chat !
Pour l'honneur épicurien,
Amis, muselons-le bien ;
        C'est un chien (bis)
Sous la forme d'un chrétien ;
Oui, c'est un chien ; oui, c'est un chien.

CONSEILS

A UNE COQUETTE.

ECOUTE-MOI, jeune Sophie,
Non comme un ennuyeux censeur,
Mais comme un ami qui t'en prie;
Fais un effort en ma faveur,
Et réfléchis une fois dans ta vie.
Tu sais qu'il ne faut que te voir
Pour qu'à l'instant même on t'adore;
Tu consultes trop ton miroir
Pour pouvoir t'ignorer encore;
Mais ton miroir ne t'a pas dit
Que tu serais bien plus jolie,
Si tu joignais à ta folie
Plus de bon sens et moins d'esprit.
De bonne foi, comment veux-tu qu'on aime
Un jeune objet qui tour à tour

Accueille deux amans et leur sourit de même?
    Il est aimé le premier jour,
Négligé le second, oublié le troisième.
Tes grâces, qu'embellit un aimable abandon,
Ont souvent au désir fait céder la raison ;
    Mais le cœur ne prend point le change,
    Et tôt ou tard l'Amour se venge
Des traits qu'on lance au mépris de son nom.
Je vois dans ton fichu, qui souvent se dérange,
Pour mieux montrer un sein dont tu sais le
        pouvoir,
L'étendard sous lequel le matin je me range,
Et que, pour un plus doux, je déserte le soir;
    Lorsque sous cette mousseline,
Que le zéphir agite et soulève à son gré,
J'ai long-temps admiré cette jambe divine
    Dont le contour m'a d'abord enivré,
Glacé par ton dessin, que bientôt je devine,
    En riant je me dis tout bas :
Pourquoi faut-il qu'une jambe si fine
    Auprès de moi perde ses pas ?
    Cesse donc, aimable Sophie,
De recourir à cet art imposteur
Que le besoin de plaire offrit à la laideur,
Et que doit dédaigner une femme jolie.
De la simple candeur, pour charmer, suis la loi;

La modestie est le fard d'une belle ;
Sois sensible, et surtout fidèle :
La nature a tout fait pour toi ;
Fais donc quelque chose pour elle.

IL FAUT BOIRE ET MANGER.

AIR : Ça n' durr'ra pas toujours.

Disciples d'Epicure,
Suivons sans déroger
Cette loi que Nature
Sait si bien propager :
Il faut boire et manger. (*Quatre fois.*)

Puisqu'on ne voit sur terre
Qu'ennui, peine et danger,
Amis, que faut-il faire
Pour ne pas y songer?
Il faut boire et manger.

Amour, gloire, richesse,
Votre charme est léger;
Le seul qui me paraisse
N'être pas mensonger,
C'est de boire et manger.

Lorsque notre maîtresse
S'avise de changer,
Pour narguer la traîtresse,
Qui croit nous affliger,
Il faut boire et manger.

Verrait-on de ce monde
Tant d'hommes déloger,
S'ils chantaient à la ronde,
Avant de s'égorger,
Il faut boire et manger.

Mœurs, usage, costume,
Tout finit par changer;
Il n'est qu'une coutume
Qu'on ne peut négliger :
C'est de boire et manger.

Quel est du pauvre hère
Le bonheur passager,
N'eût-il que de l'eau claire,
Et qu'un os à ronger?
C'est de boire et manger.

J'ai, par terre et sur l'onde,
Visité l'étranger;
Dans tous les coins du monde
Où j'ai pu voyager,
J'ai vu boire et manger.

Amant, qui te disposes
A l'heure du berger,
Veux-tu de quelques roses
Voir ton front s'ombrager?
Il faut boire et manger.

Fi du docteur maussade
Qui, pour mieux le gruger,
Soutient à son malade
Qu'il ne peut sans danger
Ni boire ni manger!

De Paris jusqu'en Chine
On aime à vendanger;
De Rome en Cochinchine
On court au boulanger;
Il faut boire et manger.

*

Jusqu'à l'heure fatale
Où le noir messager,
Dans sa barque infernale,
Viendra tous nous ranger,
Il faut boire et manger.

A Mlle ***,

SUR UN RUBAN QUE L'AUTEUR LUI AVAIT DÉROBÉ.

CHRISTINE, à vos genoux, vous voyez un cou-
pable,
L'auteur d'un vol bien grand... Je crains votre
courroux;
Cependant ce larcin, ce vol impardonnable,
Consiste en un ruban; mais il était à vous.
Quel diadême à ce titre si doux,
A ce ruban chéri peut être comparable?
On devine aisément quel en est la couleur :
Christine, vous l'aimez, et personne n'ignore
Que le rose toujours fut la couleur de Flore;
Pour son éclat, pour sa fraîcheur,
On rapporte qu'Hébé le chérissait encore;
Vous avez conservé les goûts de votre sœur.
Je ne sais dans votre parure
Quelle place occupait ce turban fortuné;
Mais soit que par vos mains en ruban façonné,
Captivant les trésors de votre chevelure,
D'une jeune sultane à notre œil étonné
Il retraçât en vous la charmante tournure,

Ou bien qu'en nœuds brillans dans ses jolis
    contours
Il nuançât les lys d'un sein qu'on idolâtre,
Ou, plus heureux encor, qu'il caressât l'albâtre
D'une jambe arrondie, ouvrage des Amours,
Sa place près de vous était digne d'envie,
Et pour la posséder j'aurais donné ma vie.
    Mais ce bonheur n'était pas fait pour moi,
Et, d'un fatal désir trop coupable victime,
      Je pense encor, non sans effroi,
      A l'énormité de mon crime.
Mais quand sur vous mes regards attachés
Attestent dans mon sein le feu qui me tour-
    mente,
    Lorsque ma bouche amoureuse et brûlante
Ne peut même effleurer vos charmes trop cachés,
Quand bientôt par un autre (ô pensée acca-
    blante !)
Ils me seront peut-être à jamais arrachés,
Pouvez-vous m'envier la douceur consolante
De caresser au moins ce qui les a touchés ?
Mais à votre courroux si ce larcin m'expose,
    Si ce ruban vous était précieux,
Pour ne pas vous déplaire, oui, j'atteste les
    dieux,
Que j'aurais mieux aimé vous voler autre chose.

COUPLETS

FAITS EN SOCIÉTÉ AVEC M. MOREAU,

POUR LA FÊTE DE M. CHAUVEAU-LAGARDE.

AIR : Eh ! voilà la vie.

LORSQU'EN c' jour de fête
Tout m'impos' la loi
D' faire un' chansonnette,
Trop heureux, ma foi,
Si Chauveau-Lagarde
    La garde, (*bis*)
Si Chauveau la garde
Pour se souv'nir de moi.

Chez Thémis charmée,
C't appui d's innocens
Doit sa renommée
A ses seuls talens,
Et Chauveau-Lagarde
    La garde, (*bis*)
Et Chauveau-Lagarde
La gardera long-temps.

Voit-il une fille ?
Notre ami, soudain,
Sur elle en bon drille
Jette le grapin,
Et Chauveau-Lagarde
    La garde, *(bis)*
Et Chauveau la garde
Jusques au lendemain.

Gn'y a jamais d' dispute
Chez ce luron-là,
Et dans aucun' lutte
Personn' n'appell'ra
Chez Chauveau-Lagarde
    La garde, *(bis)*
Chez Chauveau la garde
Pour mettre le holà !

Gn'y a-t-il un' couronne
Pour l' talent l' plus beau,
Chacun l'ambitionne ;
Mais l' dieu du barreau
Pour Chauveau-Lagarde
    La garde, *(bis)*
Pour Chauveau la garde,
La garde pour Chauveau.

A-t-il une pièce
De vin vieux exquis,
'En cave il la laisse
Pour doubler son prix,
Et Chauveau-Lagarde
        La garde, (*bis*)
Et Chauveau la garde
Pour ses meilleurs amis.

C'est pour l'innocence
Et lætitiam
Qu'il r'çut l'existence;
Amis, *utinam*
Que Chauveau-Lagarde
        La garde, (*bis*)
Que Chauveau la garde
In vitam æternam!

LE CARILLON BACHIQUE.

AIR : *Et zig et zig, et zig et zog, et fric, et fric et froc.*

*(Tous les convives doivent trinquer en
mesure à chaque refrain.)*

ET tic, et tic et tic, et toc, et tic, et tic et toc ;
De ce bachique tintin
Vive le son argentin   } *Bis.*

De la harpe enchanteresse,
Du clavier qu'une main presse,
Le charme entraîne et séduit.
Mais, chers convives, je nie
Qu'il existe une harmonie
Plus touchante que ce bruit :

Et tic, et tic et tic, etc.

Le premier buveur d'eau claire
Qui tira des sons d'un verre,

Contre Bacchus forniqua;
Et pour moi, qui ne m'éveille
Qu'aux glouglous de la bouteille,
Voici mon harmonica :

Et tic, et tic et tic, etc.

C'est à tort que de sa lyre
Orphée exerça l'empire
Pour séduire Lucifer.
Ce seul bruit, rempli de charmes,
Eût attendri jusqu'aux larmes
Tous les diables de l'enfer.

Et tic, et tic et tic, etc.

D'une syrène à la mode
Qu'on admire la méthode,
L'art et le goût infinis.
Des deux verres en cadence
L'admirable discordance
Vaut trente Catalanis.

Et tic, et tic et tic, etc.

Du Très-Haut les saints ministres,
Avec leurs cloches sinistres,

Effarouchent les mortels.
Mais si l'heure des prières
S'annonçait au bruit des verres,
Quelle affluence aux autels !

Et tic, et tic et tic, etc.

Combien je t'aime, ô fougère !
Lorsque, discrète et légère,
Tu sers de trône aux plaisirs,
Ou quand, fragile et sonore,
Par le jus qui te colore
Tu ranimes nos désirs !

Et tic, et tic et tic, etc.

Au choc redoublé du verre,
Le vieillard au front sévère
Se déride, reverdit ;
Et la belle qu'on adore
Paraît plus piquante encore,
Quand avec elle on a dit :

Et tic, et tic et tic, etc.

La peste soit du bélitre
Qui le premier de la vitre

Fonda le maudit abus !
Il nous ôte par fenêtre
Trente verres que peut-être
Aujourd'hui nous aurions bus.

Et tic, et tic et tic, etc.

Vingt juifs (que le diable emporte !)
Sont consignés à ma porte,
Peut-être à la vôtre aussi.
Mais, ma foi, je me résigne,
Et lèverai la consigne,
Dès qu'ils sonneront ainsi :

Et tic, et tic et tic, etc.

O vous, poissons, volatiles,
Quadrupèdes et reptiles,
Combien vous devez pester,
Quand le hasard vous rassemble !
Vous avez beau boire ensemble,
Vous ne pouvez pas chanter :

Et tic, et tic et tic, etc.

Gloire au soldat intrépide
Qu'à l'honneur le tambour guide !

Mais je n'en suis point jaloux :
Rlantanplan répand l'alarme ;
Tic, tic, toc a plus de charme.
Or, mes amis, chantons tous :

Et tic, et tic et tic, et toc, et tic, et tic et toc ;
De ce bachique tintin
Vive le son argentin !

TABLE.

—